Stefan Schweizer

Rote Armee Fraktion
Ideologie und Strategie im Wandel

Eine Analyse der RAF von 1970 bis 1992

Stefan Schweizer

Rote Armee Fraktion
Ideologie und Strategie im Wandel

www.europäischer-hochschulverlag.de

Schweizer, Stefan
Rote Armee Fraktion Ideologie und Strategie im Wandel
Eine Analyse der RAF von 1970 bis 1992

1. Auflage 2009
ISBN: 978-3-941482-42-5
© Hochschulverlag GmbH & Co. KG, Bremen, 2009.
www.europäischer-hochschulverlag.de
Alle Rechte vorbehalten

Die Deutsche Bibliothek verzeichnet diesen Titel in der
Deutschen Nationalbibliografie. Bibliografische Daten sind
unter http://dnb.ddb.de abrufbar.

Inhalt
1. Einleitung		**1**
2. Ideologien und Strategien der RAF		**14**
2.1	Die Ideologie der ersten Generation	16
2.2	Die Ideologie der zweiten Generation	29
2.3	Die Ideologie der dritten Generation	47
2.4	Jahre der Transformation (1989 bis 1992)	66
3. Fazit		**106**
Literatur		**113**

1. Einleitung

Die Auseinandersetzungen und Schlachten zwischen dem Staat und der selbsternannten bewaffneten Fundamentalopposition bzw. Guerilla und Befreiungsbewegung der Roten Armee Fraktion[1] sind geschlagen und gehören der Geschichte an. Es ist wohl nicht übertrieben, dass das Kapitel des linksradikalen Terrorismus eines der interessantesten der bundesrepublikanischen Nachkriegsgeschichte darstellt.

Innerhalb der radikalen Linken[2] wird immer wieder die Forderung einer Historisierung der RAF laut, damit aus den Ereignissen und Kampfperioden für die Kämpfe der Zukunft gelernt werden könne. Aber auch Historiker aus anderen als linken Zusammenhängen beginnen mit der Aufarbeitung eines der virulentesten Kapitel der deutschen Nachkriegsgeschichte.

In der Terminologie der Linken betreiben die nicht-revolutionär orientierten Historiker als Erfüllungsvasallen des Staatsschutzes und seiner assoziierten Organe den Versuch, die

---

[1] Im weiteren Textverlauf wird Rote Armee Fraktion mit dem üblichen Kürzel RAF bezeichnet.
[2] D.h. v.a. auch innerhalb der Gefangenen der RAF. Dabei spielt es keinerlei Rolle, welchem Lager sie zugehören. Als Beispiele des einen Lagers seien Taufer, Dellwo und Hogefeld, als Beispiele des anderen Lagers hingegen Klar, Mohnhaupt und Heißler genannt.

RAF und ihren Kampf aus der Geschichte zu löschen, um im Bewusstsein der Bevölkerung jede Erinnerung an revolutionäre Bewegungen zu tilgen und somit neue revolutionäre Bewegungen erst gar nicht aufkommen zu lassen. Diese Unterstellung geht mit dem Vorwurf einher, dass eine Historisierung der Staatstreuen im Fazit immer mit einer Kriminalisierung und damit Entpolitisierung der RAF ende. Die radikale Linke befürchtet also entpolitisiert und kriminalisiert zu werden. Beides sind Attribute, die altruistisch ausgerichteten Weltverbesserern zuwider sein dürften.

Hier wird im Gegensatz dazu die Meinung vertreten, dass eine seriöse Auseinandersetzung mit der Geschichte der RAF helfen kann, die bundesrepublikanische Geschichte treffend und gehaltvoll zu analysieren, denn nur ein Blick darauf, wie ein Staat und ein Gemeinwesen mit extremen Situationen und Herausforderungen umgehen können, öffnen den Blick für die originäre Verfasstheit einer Gesellschaft. In der retrospektiven Sichtweise muss das Fazit positiv ausfallen, allerdings beweist der Blick in die historischen Ereignisse, dass der Teufel oft im Detail steckt und der Umgang mit dem linksradikalen Terrorismus die Bevölkerung viele Freiheiten gekostet hat.

Ein wesentlicher Bestandteil der Geschichte der RAF ist ihre ideologische bzw. ideengeschichtliche Ausrichtung, welche sich häufig genug mit ihrer taktisch-strategischen Grundausrichtung paart. Interessanter Weise wird der RAF zum einen absolute „Theoriefeindlichkeit"[3] vorgeworfen, andererseits werden die RAF-Mitglieder als „Desperados"[4] bezeichnet und zum dritten wird der RAF vorgeworfen, nicht marxistisch-leninistisch, sondern an der Frankfurter Schule – „analytisch von Horkheimer/ Adorno, strategisch eher von Marcuse"[5] - ausgerichtet zu sein.

Es scheint offensichtlich keineswegs common sense in der scientific community oder bei Kennern der Materie darüber zu herrschen, welche ideologische Ausrichtung die RAF überhaupt und wann in welchem chronologischen Abschnitt besaß.

Auffällig ist, dass v.a. der Sozialdemokratie nahe stehende Autoren der RAF absolute Freiheit von jeglicher Ideologie vorwerfen und die Mitglieder der RAF somit in den Rang normaler Schwerstkrimineller rücken.

Konservative Autoren hingegen erkennen an, dass die RAF eine ideologische Fundierung besaß, wenngleich diese ideenpolitischen Konzepten natürlich diametral denje-

---

[3] Fetscher, I., Rohrmoser, G., Analysen zum Terrorismus 1, Ideologien und Strategien, S. 179
[4] Horchem, H. J., Terrorismus in der Bundesrepublik Deutschland 1985, in: Beiträge zur Konfliktforschung, 1986, 1, S. 22
[5] Broschüren-Gruppe, RAF und Frankfurter Schule, in: Triple Oppression & Bewaffneter Kampf, S. 125

nigen der konservativen Politiker entgegen standen und weltanschaulich-ideologisch natürlich auf das Schwerste zu verurteilen waren.

Das Fazit der Verurteilung ist somit bei den christlich Konservativen und den Sozialdemokraten einhellig, unterschiedlich sind jedoch die Begründungen.

Der Autor dieser Monographie geht – aus einer fundierten philologisch-ideologischen Analyse heraus - deutlich von einer ideologisch fundierten Ausrichtung der RAF aus. Die ideologische Fundierung der RAF findet sich meistens in taktische und strategische Erörterungen eingebettet.

Um die ideologische und strategische Grundausrichtung der RAF konstatieren, bestimmen, analysieren und interpretieren zu können ist - wie bei jeglicher geschichtlichen Arbeit - ein sorgfältiges Quellenstudium nötig. Basis dieses Aufsatzes bilden also die diversen theoretischen Schriften, Bekennerschreiben, Strategiepapiere, Briefe, Erklärungen und Aufsätze der RAF.

Die RAF durchlief verschiedene Phasen, in denen sich die ideologische, ideengeschichtliche sowie taktisch-strategische Ausrichtung fundamental geändert hat. Diese chronologische Einteilung der ideologischen Phasen ergibt sich vor allem aus den verschiedenen grundlegenden Strategiepapieren der RAF, die oftmals durch externe Faktoren (wie z.B. Attentate anderer Terrororganisationen ("Schwarzer September" in München) oder durch Verhaftungswellen in den eigenen Reihen wie 1984) hervorgebracht worden sind, manchmal aber auch dem Selbstreflexionsprozess, welcher zu erkennen geben glaubte, in welche Richtung sich der bewaffnete Kampf zu entwickeln habe, initiiert wurde.

Dieser Aufsatz gibt folglich Einblick in die ideologische Fundierung des Terrorismus der RAF. Dabei leitet die Einsicht, dass sich die ideologische Grundausrichtung der RAF mehrfach gewandelt hat. Hierbei sind beispielsweise die folgenden vier Phasen zu unterscheiden:

1. Im Zusammenhang mit der ersten Generation die Gründungs- und Anfangszeit der RAF mit einer kommunistischen Grundausrichtung, welche v.a. am Maoismus und anderen Befreiungskonzepten der dritten Welt Orientierung fand.

2. Im Zusammenhang mit der zweiten Generation die verstärkte subjektive Wende, welche v.a. auf die Subjekt-Theorie der Frankfurter Schule rekurrierte und Autoren wie Marcuse, Adorno etc. in den Mittelpunkt stellte.

3. Im Zusammenhang mit der dritten Generation eine zunehmende Theoriefeindlichkeit, wobei Begriffe wie Selbstorganisierung

und selbstbestimmtes Leben in den Vordergrund rückten.

4. Die ideologischen Grabenkämpfe, welche im Zuge der „Kinkel-Initiative" zwischen einem Teil der Gefangenen und der RAF sowie dem Großteil der Gefangenen ausgetragen wurden.

Diese Arbeit berücksichtigt lediglich die ersten beiden und - teilweise - den dritten Punkt, also die Theorie der dritten Generation der RAF.

Es versteht sich, dass nicht alle Abschnitte umfangreich und umfassend rekonstruiert werden können. Allerdings fließt in die Rekonstruktion die Kennerschaft der gesammelten Schriften der RAF und eines großen Teils der vorhandenen Sekundärliteratur ein.

Beschäftigt man sich mit dem Phänomen des Terrorismus, so stellt sich natürlich zunächst die Frage, was denn eigentlich Terrorismus ist. Eine einheitliche Definition des Begriffs „Terrorismus" ist nicht auszumachen, da der Begriff von verschiedenen Gruppen unterschiedlich ausgelegt wird. Im Folgenden wird in Anlehnung an die Formulierung der Konferenz über Terrorismus in Jerusalem im Jahre 1979 unter Terrorismus verstanden, dass er vorsätzlich und systematisch mit Waffengewalt das politische System bekämpft, um eigene politische Ziele realisieren zu können.[6] Im vorliegenden Fall wird diese Definition auch für die Handlungen, Aktionen und Vorgehensweisen der RAF übernommen, denn die RAF war eine terroristische Vereinigung, welche in aller Radikalität die Eliminierung des demokratischen Gemeinwesens anstrebte.

Bereits oben wurde angedeutet, dass es so etwas wie historische Objektivität nicht geben kann. Es wird deshalb ausdrücklich darauf hingewiesen, dass bei allen historischen Sachverhalten das Merkmal der Multiperspektivität einschlägig ist. Das bedeutet in unserem Kontext, dass ein- und dieselbe Gruppe je nach Standpunkt Freiheitskämpfer oder Terroristen sein kann. Es mangelt auch nicht an Beispielen, in welchen die RAF versucht hat, das Terrorismus-Verhältnis umzudrehen, indem vornehmlich die USA (in Bezug auf den Vietnam-Krieg), aber auch die BRD (hinsichtlich des Ausmerz-Verhältnisses zur RAF und der Isolationshaft) des Staatsterrorismus bezichtigt wurden. Im Falle der USA wurde dies ausführlich damit begründet, dass diese im Vietnamkrieg vorsätzlich Terror in Form der Zerstörung von Infrastruktur, zivilen Objekten etc. gegen die vietnamesische Bevölkerung betrieben hätten.

---

[6] Vgl. dazu Horchem, H. J., Terror in Europa, Akteure und Hintergründe - Gegenstrategien, in: Beiträge zur Konfliktforschung, 1986, 4, S. 32

Zahlreiche Tote und Verletzte, Sachschaden in Millionenhöhe und zahlreiche Gesetze, welche die Bürgerrechte empfindlich einengen, rechtfertigen die Frage, ob die RAF so etwas wie eine strategische und ideengeschichtlich-ideologische Fundierung besessen hat. Die hierzu verwendeten Dokumente sind Selbstzeugnisse der RAF und bedürfen aus diesem Grund einer sensiblen Einschätzung und Interpretation. Die RAF versuchte ihre grausamen Verbrechen durch Erklärungen, Bekennerschreiben und Strategiepapiere zu rechtfertigen. Insofern müsste hier der Ansatzpunkt für eine Suche nach der ideologisch-ideengeschichtlichen Motivation der RAF liegen. Sollte diese abschlägig beschieden werden, so dürfte der mehr als fragwürdige politisch-ideologische Gehalt - jenseits aller weltanschaulichen Standpunkte - der RAF deutlich zu Tage treten.

Die RAF gibt es seit ihrer Auflösungserklärung „Warum wir aufhören" vom April 1998 nach eigenem Bekunden nicht mehr. Insofern gehört sie unbestritten der Geschichte an. Geschichte hängt immer eng damit zusammen, wer sie erzählt. Eine objektive Geschichte ist nicht möglich, denn Geschichte bedeutet z.B. immer die Multiperspektivität der Ereignisse und das Merkmal der Narrativität.

Vereinfacht gesagt bedeutet Multiperspektivität, dass man ein und denselben Sachverhalt verschieden erzählen, bewerten, analysieren und darstellen kann. Für einen staatskonformen Historiker des sozialistischen Inselstaates Kuba sind Figuren wie Fidel Castro und Che Guevara Ikonen eines weltweiten Befreiungskampfes, an deren lauterer Motivation keinerlei Zweifel angebracht ist. Für westliche, demokratietheoretisch orientierte Historiker sind beide Figuren, welche nicht zuletzt unter demokratietheoretischen Gesichtspunkten schnell in die Nähe einer autoritären Herrschaftsform gerückt werden.

Narrativität will außerdem heißen, dass es nie möglich sein wird, die Vergangenheit lückenlos zu rekonstruieren und wieder zu geben. Narrativität meint also den Sachverhalt, dass der Historiker bestimmte Ereignisse der Vergangenheit selektiert und diese in seiner Erzählung zusammensetzt. Alleine dieser Vorgang impliziert eine Gewichtung und Bewertung der vergangenen Ereignisse.

Diese wenigen Bemerkungen seien zur Illustration vorweggeschickt, denn natürlich spielt auch der weltanschauliche Standpunkt des Verfassers eine zentrale Rolle. So ist – darauf wurde bereits oben hingewiesen - von den verschiedensten politischen Lagern her der Ruf nach einer Historisierung der RAF bzw. der Aufarbeitung respektive Abwicklung der RAF vernehmbar geworden.

Dabei lassen sich – wie gesagt - insbesondere der wertkonservativ-reaktionäre, sozialdemokratische und linksradikale Standpunkt identifizieren. Dem wertkonservativ-reaktionären Lager geht es darum, die Weltanschauung des Kommunismus und Linksradikalismus nachhaltig zu desavouieren und ein für alle Mal als falschen Irrweg zu deklassieren. Im Interesse der Sozialdemokratie liegt es, die RAF als kriminelle Vereinigung ohne ideologische Fundierung darzustellen. Die linksradikalen Kreise versprechen sich von einer Historisierung der RAF Erkenntnisse für die Kämpfe um Befreiung in der Zukunft – gleichzeitig soll der historische Kampfprozess als legitim und notwendig charakterisiert werden. Zugleich geht es den radikalen Linken darum, reaktionären und sozialdemokratischen Interpretationsmustern entgegenzutreten und die Geschichtsschreibung somit nicht Anderen zu überlassen.

Das zentrale Element scheint – und dies ist das vereinende Moment - bei allen drei Standpunkten das Kerngeschäft des Historikers, nämlich die Quellenexegese zu sein. So bemüht sich auch diese Monographie um eine detailgetreue Rekonstruktion der Quellen, auf deren Basis ggf. eine vorsichtige Einschätzung der Strategie, Ideologie und ideengeschichtlichen Fundiertheit der RAF möglich wird.

Zusammenfassend kann vorausgreifend noch einmal gesagt werden, dass die RAF mit marxistisch-leninistischem Theoriegut startete, wobei eine Akzentuierung auf dem Maoismus lag; eine ernsthafte Umsetzung im Sinne einer Parteigründung o.ä. aber nie verfolgt wurde. Die RAF verstand sich als Teil der internationalistischen Bewegung gegen Kapitalismus und Imperialismus.

Spätestens die zweite Generation vollzog eine Kehrtwende zur subjektvistisch gefärbten Theorie der Frankfurter Schule. Die Subjekt-Theorien Horkheimers, Adornos und Marcuses spielten dabei eine entscheidende Rolle. Allerdings ist bei der zweiten Generation eine zunehmende Theoriefeindlichkeit zu konstatieren. Offensichtlich regierte hier das Primat der Praxis im Sinne der Befreiung der einsitzenden Kader.

Diese Theoriefeindlichkeit steigert sich bei der dritten Generation. Ein wichtiger Bestandteil der strategischen Ausrichtung bildete dabei die Bildung einer westeuropäischen Front. Der leitende Gedanke war es, vereinte militärische Kräfte gegen den Imperialismus in die Wagschale zu schmeißen. Birgit Hogefeld hat in ihrer Gefangenschaft mehrfach betont, dass es der RAF bewusst war, dass der Krieg zwischen dem West- und Ostblock in einer entscheidenden Phase war. Deswegen lag gemäß der Selbstbekundungen der RAF in den 80er Jahren bei der dritten Generation der RAF die Gewichtung auf militärisch orientierten Interventionen und nicht auf Theoriebildung.

Demnach kann festgehalten werden, dass die RAF v.a. in der zweiten und dritten Generation das Hauptgewicht auf die militärische Intervention legte und dass diese weder ideologisch noch ideengeschichtlich die Vorgehensweise der Guerilla hinreichend begründet wurden. Diese Feststellung trifft, dies muss in aller Deutlichkeit wiederholt werden, ebenso ausdrücklich auf die RAF-immanente Sichtweise zu, wie u.a. aus der Auflösungserklärung deutlich wird.

Nach der Analyse der ersten beiden RAF-Generationen untersucht diese Monographie ebenso eine verhältnismäßig kurze Zeitspanne innerhalb der dritten RAF-Generation. Es handelt sich dabei um die Jahre der Transformation von 1989 bis 1992. Diese Phase ist von besonderer Bedeutung, da hier der Zusammenbruch des Ostblocks und damit der systemischen Alternative zum Kapitalismus erfolgte. Auch wenn die RAF sicherlich nicht die Erkämpfung realsozialistischer Verhältnisse anstrebte, so brach dennoch in dieser weltgeschichtlichen Transformationsphase so etwas wie eine ideologische Rückendeckung und reale systemische Alternative weg.

In dieser Phase war die RAF zu einer Neuorientierung und ideologischen Umstellung gezwungen, auch wenn zunächst einmal alles beim Alten zu bleiben schien. Nur vor dem Hintergrund einer sorgfältigen Analyse des Transformationszeitraums von 1989 bis

1992 scheint eine fundierte und gehaltvolle Analyse der innerideologischen Debatte von 1992 bis 1994 möglich. Als Konsequenz der RAF-internen Auseinandersetzungen fand eine Fraktionierung statt, welche zu einem irreversiblen Bruch zwischen der in Freiheit agierenden Kommandoebene der RAF, den Celler Gefangenen (Taufer, Dellwo Folkerts) und den als Hardlinern bezeichneten Gefangenen (Klar, Mohnhaupt, Pohl, Schulz u.a.) führte. Als letzter Schritt dieses Zerfallsprozesses kann die Auflösungserklärung von 1998 gesehen werden. Diese letzte Auflösungsphase der RAF ist nicht mehr Bestandteil der hier vorliegenden Untersuchung. Hier – dies kann vorweggenommen werden – tritt der ideologische Gehalt völlig zurück und eine für unsere Aufgabenstellung wenig aussagekräftige Phase des Streits und der verzweifelten Neuorientierung tritt ein, welche in dem unaufhaltbaren Selbstauflösungsprozess mündet.

2. Ideologien und Strategien der RAF[7]

Im Folgenden werden also verschiedene Etappen der ideologischen Ausrichtung der RAF rekonstruierend skizziert. Dabei ist in Erinnerung zu behalten, dass es sich bei der dabei vorgenommenen Phasierung um ein ex post Konstrukt handelt, welches analytisch-heuristischen und klassifizierenden Charakter besitzt.

Geschichte ist immer ein streng selektiver Vorgang, welcher – dies hat die neuere Geschichtsforschung deutlich belegt - durch das Merkmal der Narrativität verkompliziert wird. In der Summe bedeutet dies, dass es „objektive Geschichte" nicht gibt und die Auswahl der Ereignisse und deren Zusammensetzung in einem Erzählvorgang immer bewusst vorgenomene (subjektive) Schritte des Historikers sind. Hinzu kommt, dass der Historiker in einem sozialkulturell vorgeprägten Raum agiert, welche seine Selektionsmechanismen maßgeblich beeinflusst.

Normalerweise kann man ideologische Schriften oder ideenpolitische Konzepte bestimmten Autoren zuordnen. Dies ist bei den Schriften der RAF schwierig bis unmöglich, es sei denn, dass es sich um Briefe

---

[7] Alle Schriften der RAF sind – soweit dies nicht anders gekennzeichnet ist – zitiert aus: **ID-Verlag (HG.),** Rote Armee Fraktion. Texte und Materialien zur Geschichte der RAF. Berlin 1997

oder Positionspapiere der Gefangenen handelt, welche aber in dieser Analyse keine Rolle spielen. Ebenso werden des Öfteren Versuche unternommen, Papiere der RAF dezediert mit Namen wie Meinhof oder Mahler zu verbinden. Dies widerspricht allerdings dem Selbstverständnis der RAF, denn die Positionspapiere sind dem Verständnis der RAF nach kollektiv entstanden und gelten als repräsentativ für die Meinung der gesamten RAF. Dabei soll es sich – gemäß Selbstbekundungen der Mitglieder der RAF – bei den manifest gewordenen Papieren um Endprodukte langer Diskussionsprozesse handeln; diese Gemeinsamkeit verbindet alle drei Generationen miteinander. Abweichende Meinungen, wie z.B. Schriften von Horst Mahler, wurden dann eindeutig vom Kollektiv als nicht der RAF zugehörig gebrandmarkt.

Schwierig wird die so skizzierte Gemengelage in den Jahren 1992 ff., denn hier gibt es noch die aktive Kommando-Ebene RAF (und Birgit Hogefeld aus dieser Kommando-Ebene als bereits Gefangene) und die Lübecker Gefangenen Taufer, Dellwo und Folkerts auf der einen Seite sowie die ihnen gegenüberstehende Gefangenengruppe um die Protagonisten Mohnhaupt, Pohl und Klar. Ab 1992 wird es folglich schwierig, von einer bzw. zwei Stimmen der RAF sprechen zu können, vielmehr zeichnet sich bei diesem Abschnitt eine tiefe Fragmentierung, Isolierung und Vereinzelung in den schriftlichen Positionierungen und Stellungnahmen ab. Zwar bilden sich häufiger Gruppen wie Happe und Hanka sowie Rosenkötter, Jansen und Dietiker, welche gemeinsam einen Standpunkt formulieren. Dennoch ist die Situation durch ein tiefes Misstrauen und Verbitterung gegeneinander geprägt, was mehrfach in zynischen, aber zutreffenden Selbsteinschätzungen mündet, dass es doch keinen politischen Menschen mehr interessiere, was die RAF oder die Gefangenen zu bestimmten Themen sagten (so z.B. Helmut Pohl).

Wer das politische Selbstverständnis der RAF und der Gefangenen der RAF kennt, weiß, welche Verzweiflung hinter solchen Aussagen stecken muss; allerdings, dies hat der Gang der Geschichte bewiesen, nicht zu unrecht. Im Folgenden wird also immer kollektiv von einer ideologischen oder ideengeschichtlichen Position der RAF oder der Gefangenen der RAF gesprochen.

2.1 Die Ideologie der ersten Generation

Die späten sechziger Jahre des 20. Jahrhunderts stellten für die junge Demokratie in der Bundesrepublik Deutschland eine schwere Belastungsprobe dar. Als Folge der Studentenproteste unternahm die sozialdemokratische Regierung unter Willy Brandt Versuche, die gesellschaftlich nicht irrelevante Revolte zu kanalisieren und in den Reformismus zu drängen. Eine logische Konsequenz bildete eine Amnestie für alle Demonstrationsstrafdelikte unter acht Monaten. Dieses Vorgehen auf taktisch hohem Niveau sicherte der sozialdemokratischen Regierung die Loyalität von geringfügig straffällig gewordenen jungen Heranwachsenden.

Kaum Widerspruch findet die Behauptung, dass die RAF ursprünglich ihre geistigen Wurzeln aus der Studentenprotestbewegung Ende der sechziger Jahre dieses Jahrhunderts bezogen hat. Die RAF wird vielfach als Versuch gesehen, die abgeflaute Studentenrevolte mit neuem Leben zu versehen und in einer veritablen Revolution münden zu lassen.

Aus diesem Faktum wird zum Teil pauschaliert abgeleitet, dass „der Marxismus-Leninismus auch die Basis für die Strategiepapiere der Roten Armee Fraktion (RAF)"[8] bis zum Ende der siebziger Jahre bildete. 1970 begann als Konsequenz auf die innergesellschaftlichen Unruhen eine massive Aufrüstung der inneren Staatsschutzorgane, um die innere Sicherheit herstellen und auf Dauer gewährleisten zu können. Damit einher ging beispielsweise die Neustrukturie-

---

[8] Horchem, H. J., Terrorismus in der Bundesrepublik Deutschland 1985, in: Beiträge zur Konfliktforschung, 1986, 1, S. 7

rung und Zentralisierung von Polizei, der Staatsanwaltschaft, dem Bundeskriminalamt und dem Bundesgrenzschutz.

Zunächst schien man sich – gesellschaftlich, politisch, aber auch innerhalb der Strafverfolgungsbehörden - in der Einschätzung der ersten Generation der RAF nicht einig zu sein. So war häufig von verirrten Bürgerkindern die Rede; man denke dabei nur an Gudrun Ensslin als schwäbische Pfarrerstochter. Außerdem wurde die RAF als Baader-Meinhof-Bande tituliert, was ihren Charakter als kriminelle und v.a. nichtpolitische Vereinigung betonen sollte.

Ebenso war aber auch von anarchistischen Gewalttätern die Rede, was die klassenkämpferisch-kommunistische Ebene und Grundintention der Bewegung völlig außer Acht lässt, ebenso wie das Bewusstsein am internationalen Befreiungskampf teilzuhaben.

Bereits in der Erklärung zur Baader-Befreiung im Jahre 1970 wurde implizit durch die Namensgebung "Rote Armee" ein marxistisch-leninistischer Bezug hergestellt, welcher durch Parolen über die Entfaltung von Klassenkämpfen und Proletariatsorganisierung verstärkt wurde.[9] Der Ton dieser Er-

---

[9] Erklärung zur Befreiung von Andreas Baader, Die Rote Armee aufbauen, in: Ausgewählte Dokumente der Zeitgeschichte, Bundesrepublik Deutschland (BRD) - Rote Armee Fraktion (RAF), S. 4

klärung ist allerdings eher vulgäragitatorisch gehalten, wie das folgende Beispiel illustrieren soll: „Ihr habt klarzumachen, dass das sozialdemokratischer Dreck ist, zu behaupten, der Imperialismus [...], der ganze Schweinkram ließe sich unterwandern, nasführen, überrumpeln, einschüchtern, kampflos abschaffen. Macht das klar, dass die Revolution kein Osterspaziergang sein wird. Dass die Schweine natürlich so weit eskalieren werden, wie sie können, aber auch nicht weiter. Um die Konflikte auf die Spitze treiben zu können, bauen wir die Rote Armee auf."[10] Die Erklärung zur Baader-Befreiung verurteilt offensichtlich diejenigen Positionen aufs Schärfste, welche versuchen durch einen Marsch durch die Institutionen das System besiegen zu wollen, da dies einerseits im eigenen Reformismus endet und andererseits die Verhältnisse nicht verändert.

Es scheint als hätten die Gründerväter der RAF bereits sehr wohl im Blick gehabt, was später Realität wurde. Die Konsequenz liegt gemäß RAF im Aufbau einer revolutionären Gegenmacht, nämlich der Roten Armee, deren Aufgabe es ist, die Konflikte mit dem Staat und dem System so auf die Spitze zu treiben, dass revolutionäre Veränderungen möglich sind. Semantisch enthält diese erste Erklärung bereits das Wort, welches in

---

[10] Die Rote Armee aufbauen, S. 25

beinahe allen weiteren Erklärungen eine zentrale Rolle einnehmen wird: „eskalieren". Sogar in den letzten Erklärungen der dritten Generation kommt diesem Begriff immer eine zentrale Bedeutung zu.

Die erste theoretisch fundierte Schrift der RAF ist – nach der erwähnten kurzen Erklärung zur Baader-Befreiung - "Das Konzept Stadtguerilla" aus dem Jahre 1971. In ihr beschreibt die RAF "revolutionäre" Vorstellungen für die Praxis, welche im theoretischen Bereich durch einen ideologischen Rahmen abgesichert sein sollten, um für die terroristischen Aktivitäten eine ideologische Fundierung zu erhalten. Das „Konzept Stadtguerilla" gibt sich einerseits marxistisch-leninistisch, wobei andererseits Anleihen aus dem südamerikanischen Befreiungskämpfen nicht zu übersehen sind: „Aus dem Praxisgebot des Marxismus-Leninismus entwickelten die Vordenker das Konzept der „Stadt-Guerilla". Die Herkunft des Begriffs aus Lateinamerika verdeutlicht die zweite wichtige Kategorie für Motivation und Ideologie der RAF, nämlich die Probleme der Dritten Welt durch bewaffneten Kampf in der Bundesrepublik lösen zu wollen."[11] Es lässt sich ablesen, dass die RAF zu diesem Zeitpunkt eine marxistisch-leninistische Grundausrichtung inne hatte und dass aus

---

[11] Horchem, H. J., Terrorismus in der Bundesrepublik Deutschland 1985, in: Beiträge zur Konfliktforschung, 1986, 1, S. 7

diesem gewählten Blickwinkel unter anderem versucht wurde, eine „solidarisch-internationalistische" Perspektive mit den Befreiungskämpfen und Befreiungsbewegungen auf der ganzen Welt einzunehmen. Horchems Aussage, dass die RAF Probleme der vom Imperialismus ausgebeuteten Ländern im Trikont in Deutschland lösen wollte, lässt sich von vornherein bezweifeln, da bereits zu diesem frühen Zeitpunkt den Anführern der RAF der beschränkte Rahmen ihrer Bewegung bewusst war.

Außer Ausbildungs-, Waffen- und Wissenstransfers[12] fanden zu diesem Zeitpunkt keinerlei Aktivitäten mit anderen Gruppierungen in einem internationalen Kontext statt. Eine Internationalisierung der Terrorbewegung, welche auch tatsächlich praktische Konsequenzen besaß, sollte erst in der dritten Generation, z.B. im Zusammenschluss mit der französischen Action Directe und z.T. einem Flügel der italienischen Brigate Rosse stattfinden.

Aus dem „Konzept Stadtguerilla" kann jedoch in der Tat eine solidarische Grundhaltung der RAF mit den kommunistisch orientierten Befreiungsbewegungen der Dritten Welt herausgelesen werden. Das nach den Vorstellungen von Mao Tse Tung propagierte Primat der Praxis, welches der RAF später

---

[12] Peters, B., RAF, Terrorismus in Deutschland, S. 84 ff.

den Vorwurf der Theoriefeindlichkeit einbrachte, wurde von der RAF darauf gemünzt, wirkliche Revolution anstatt Marx-Interpretation betreiben zu können, nämlich „daß ohne revolutionäre Initiative, [...] ohne den konkreten antiimperialistischen Kampf es keinen Vereinheitlichungsprozeß gibt [...] In der Papierproduktion der Organisationen erkennen wir ihre Praxis hauptsächlich nur wieder als Konkurrenzkampf von Intellektuellen [...] um die bessere Marx-Rezeption".[13] Von großer Bedeutung für die weiteren Generationen der RAF war die fatale Fehleinschätzung der RAF im Gefolge der chinesischen Revolution und Mao Tse Tungs: „Wenn es richtig ist, dass der amerikanische Imperialismus ein Papiertiger ist, d.h., dass er letzten Endes besiegt werden kann; und wenn die These der chinesischen Kommunisten richtig ist, dass der Sieg über den amerikanischen Imperialismus dadurch möglich geworden ist, dass an allen Ecken und Enden der Welt der Kampf gegen ihn geführt wird, so dass die Kräfte des Imperialismus zersplittert werden und durch ihre Zersplitterung schlagbar werden – wenn das richtig ist, dann gibt es keinen Grund, irgendein Land [...] aus dem antiimperialistischen Kampf auszuschließen [...], weil die

---

[13] RAF, Das Konzept Stadtguerilla, in: Ausgewählte Dokumente der Zeitgeschichte , Bundesrepublik Deutschland (BRD) - Rote Armee Fraktion (RAF), S. 9

Kräfte der Reaktion dort besonders stark sind."[14] Diese analytische Einschätzung durch die RAF sollte den revolutionären Kräften in der Bundesrepublik (und in Westeuropa) Mut zusprechen, denn in Europa waren die revolutionären Kräfte schwach und die Reaktion des Staates stark. Die dritte Generation der RAF teilte immer noch die im Zitat genannte Einschätzung und versuchte durch den Aufbau einer westeuropäischen Front die Kräfte des Imperialismus in seinem Kernland zu bündeln. In diesem Zusammenhang ist auch das Diktums Che Guevaras zu verstehen, dass ein, zwei, drei und viele Vietnams geschaffen werden sollten, um den Imperialismus zu besiegen.

In der RAF-Erklärung „Über den bewaffneten Kampf in Westeuropa" wurde noch einmal der Anspruch untermauert, dass Revolution gewalttätig zu verlaufen habe und dass die Bevölkerung aktiv an der Revolution teilnehmen müsse: „Die revolutionäre Situation entsteht nicht erst, wenn sie auch die Soziologen erkennen. Sie kündigt sich an in der Richtungsänderung der Gewalttätigkeit. Sie ist vorhanden, wenn die durch die Unterdrückung in den Unterdrückten erzeugte Gewalttätigkeit, der gewaltsame Widerstand gegen das Ausbeutungssystem, gegen die Gewalt der Herrschenden die Fes-

---

[14] Das Konzept Stadtguerilla, S. 41

seln einer individuellen Abreaktion abschüttelt und kollektive Züge annimmt. Der kollektive Widerstand ist der Keim der Revolution. Die richtige revolutionäre Theorie hat ihn zu entwickeln und zu formen."[15] Erst wenn in den Massen der Bevölkerung das revolutionäre Bewusstsein erwacht, wird ein kollektives revolutionäres Handeln gegen das System und den Staat möglich. Es ist in diesem Selbstverständnis u.a. die Aufgabe der Guerilla durch die revolutionäre Theorie dieses Bewusstsein in der Bevölkerung für die Notwendigkeit der revolutionären Praxis zu schaffen.

Eine erste ausführliche Analyse der Verhältnisse in der Bundesrepublik durch die RAF findet sich in der Schrift „Dem Volk dienen". Besonders vehement wird hier gegen den Reformismus der SPD gewettert, welcher sich – so die Autoren - lediglich in der größeren Subtilität von den offensiveren Strategien der CDU abhebt: „Reformversprechen sind zum Religionsersatz geworden, Opium fürs Volk [...] Ein Unterschied zwischen SPD und CDU besteht trotzdem. Sie schätzen die Arbeiterklasse, das Volk verschieden ein. Die SPD sagt: Zuckerbrot und Peitsche. Die CDU will lieber nur die Peitsche. Die SPD, erfahrener darin, wie man die Arbeiterklasse an der Nase herumführt, Wehner, erfahrener darin, wie man die Lin-

---

[15] Über den bewaffneten Kampf in Westeuropa, S. 71

ken austrickst und austreibst, Brandt, erfahrener darin, wie man sich an die Spitze der Bewegung stellt, um sie besser abwürgen zu können (die Anti-Atom-Bewegung in Berlin 1958 z.B.) – sie trauen sich mehr Taktieren gegenüber dem Volk zu als die CDU."[16] Es ist offensichtlich, welche Schlussfolgerungen aus dieser Analyse der bundesrepublikanischen Verhältnisse gezogen werden soll. Da die Herrschenden – hier v.a. die SPD - es immer wieder verstehen, revolutionäre Bestrebungen in Reformismus umzuwandeln, bleibt als einzige Konsequenz, die Revolution in aller Schärfe durchzuführen und sich nicht auf die Schein-Angebote der Herrschenden einzulassen. Nur die Revolution kann dem Reformismus das Wasser abgraben.

Bis zu diesem Zeitpunkt kann man davon ausgehen, dass die RAF quasi mit einer Stimme gesprochen hat, wobei die führenden ideologischen Köpfe Meinhof, Ensslin und Mahler waren. Andreas Baader war zwar die Gallions-Figur der RAF, nicht jedoch der ideologische Kopf, der für die Theoriearchitektur der Revolution verantwortlich war. Baader war mehr für die praktischen Dinge der Revolution verantwortlich; also ein Mann der Tat und nicht des Wortes. Ebenso oblag Baader die Disziplinierung der RAF-Kader und die Propagierung der Tat.

---

[16] Dem Volk dienen, S. 133

Erste wesentliche ideologische Spannungen innerhalb der RAF traten im Herbst 1972 auf. Diese Spannungen resultierten aus verschiedenen theoretischen Konzepten zweier Protagonisten der RAF, nämlich Horst Mahler und Ulrike Meinhof. Beide brachten in kurzen zeitlichen Abstand jeweils eine größere theoretische Abhandlung heraus mit dem Ziel, ihre Meinungsführerschaft innerhalb der RAF zu festigen.

Aus diesen beiden Schriften heraus kann das Spannungsverhältnis zweier „Theorierichtungen" beschrieben werden: „Während Horst Mahler nämlich in Anlehnung an lateinamerikanische und, mit Abstrichen, chinesische Modelle eher eine Strategie des Guerilla- bzw. Stadtguerillakrieges vertrat, neigte Ulrike Meinhof seit Ende 1972 stärker einer genuin terroristischen Strategie zu".[17] Mahler hielt also an dem entwickelten „Konzept Stadt-Guerilla" mit einigen Modifikationen fest, Meinhof hingegen tendierte mehr zu einer strategisch-funktionalen Verschiebung der Kriegsführung: Demnach wurde nicht mehr die Verankerung und Unterstützung von und durch die Massen als Primärziel verfolgt, sondern einzelne Attentate sollten als terroristische Strategie herhalten, um die Revolution zu ermöglichen.

---

[17] Fetscher, I., Rohrmoser, G., Analysen zum Terrorismus 1, Ideologien und Strategien, S. 95

Es steht zu vermuten, dass Ulrike Meinhof einen realistischeren Blick auf die bundesrepublikanischen Verhältnisse besaß. Eine Verankerung der RAF in den Massen war nicht einmal ansatzweise gegeben und im Gegensatz zu China und Südamerika war es der RAF nicht möglich, bei der agrarischen Bevölkerung Unterstützung und Rückzugsräume zu finden.

Mahler wurde in der Folge aufgrund der ideologischen Differenzen formal aus der RAF ausgeschlossen. Im Jahre 1972 konnten die Anführer der RAF in Haft genommen werden und der Staat feierte seinen ersten gewichtigen Sieg über den bundesdeutschen Terrorismus.

In der während der Haft von Meinhof verfassten Schrift „Die Aktion des Schwarzen September in München"[18] als theoretisch-ideologisches Richtungspapier für die RAF findet sich fast durchgängig das Wort „antiimperialistisch" in allen möglichen Abwandlungen: „Die Aktion war antiimperialistisch. Die Genossen vom „Schwarzen September" haben ihren eigenen Schwarzen September 1970 – als die jordanische Armee über 20000 Palästinenser hingemetzelt hat, dahin zurückgetragen, wo dieses Massaker

---

[18] RAF, Die Aktion des Schwarzen September in München, in: Ausgewählte Dokumente der Zeitgeschichte, Bundesrepublik Deutschland (BRD) - Rote Armee Fraktion (RAF), S. 31-40

ursprünglich ausgeheckt worden ist: Westdeutschland – früher Nazi-Deutschland – jetzt imperialistisches Zentrum."[19] Israel wird in dieser Analyse Meinhofs als Teil des imperialistischen Systems gesehen. Die Schrift Meinhofs musste sich häufig und berechtigter Weise den Vorwurf des Antisemitismus gefallen lassen. Dabei befand sie sich allerdings in der radikalen Linken der Bundesrepublik in guter Gesellschaft, denn eine anti-israelische Haltung gehörte dort quasi zum guten Ton.

Ensslin und Baader distanzierten sich nach dem Erscheinen zusehends von Meinhof und ihrer Schrift. Vom Marxismus-Leninismus ist in Meinhofs Schrift fast nicht mehr die Rede. Daher wird in diesem Zusammenhang anderenorts von einer „subjektivistische(n, S.S.) Wende"[20] weg vom Marxismus-Leninismus und hin zur Frankfurter Schule gesprochen, wobei diese Einschätzung m.E. insbesondere für die zweite und dritte Generation der RAF zutrifft. Hier wurde die Teilnahme an der revolutionären Bewegung als Selbstverwirklichungsprozess propagiert, welche Subjekt- und Individuationserfahrungen ermöglichte, die in der kapitalistisch-imperialistischen Konsumgesellschaft nicht mehr möglich waren.

---

[19] Die Aktion des Schwarzen September in München, S. 153
[20] Broschüren-Gruppe, RAF und Frankfurter Schule, in: Triple Oppression & Bewaffneter Kampf, S. 128

Dieser zunächst auf philosophischer Ebene angesiedelte Subjektivismus wurde in der Folge auf den militärischen Bereich projiziert, denn es wurde von Seiten der RAF nicht mehr die Verankerung in den Volksmassen angestrebt, sondern es herrschte ein elitär-individuelles Verständnis einer kämpfenden Avantgarde vor, welche zudem eine intellektuelle Meinungsführerschaft anstrebte.

Mahler vertrat hingegen in seiner Schrift „Die neue Straßenverkehrsordnung", die ebenfalls aus dem Jahre 1972 stammt, weiterhin das Stadt-Guerilla-Konzept. Meinhofs Linie - und damit die subjektivistische, hauptsächlich terroristischen Einzelakten zuneigende Strategie - setzte sich durch und Mahler wurde von der RAF ausgeschlossen.[21] Diese Richtungsentscheidungen hatte für die weiteren Generationen der RAF weit reichende Bedeutung, denn sie orientierten sich ja an der strategisch-ideologischen Ausrichtung ihrer Gründungsväter.

2.2 Die Ideologie der zweiten Generation

Nachdem die Kommandoebene der ersten Generation 1972 verhaftet worden war, herrschte bei der Bevölkerung und den Strafverfolgungsbehörden kurze Zeit die

---

[21] Fetscher, I., Rohrmoser, G., Analysen zum Terrorismus 1, Ideologien und Strategien, S. 96

Hoffnung auf ein Ende des bewaffneten revolutionären Kampfes in der BRD. Doch die gefangenen Kader kämpften auch im Gefängnis mit allen ihnen zur Verfügung stehenden Mitteln weiter. Insbesondere Gudrun Ensslin wurde in Gefangenschaft zur treibenden Kraft der Reorganisation der RAF-Strukturen.[22] Dadurch, dass die Gefangenen der RAF ihren Körper in Form des Hungerstreiks als Waffe einsetzten, vermochten sie es auch aus dem Gefängnis heraus, eine große Anziehungskraft auf die Genossinnen und Genossen in Freiheit auszuüben, was zu einer subsystemisch-gesellschaftlichen Teilmobilisierung gegen die Haftbedingungen führte.

Die Zeit der zweiten Generation der RAF zeichnet sich durch einen beinahe blinden Aktionismus aus, welcher idealtypischer Weise in einer Befreiung der Gefangenen RAF-Mitglieder münden sollte. Ideologische und strategische Arbeit wurde v.a. von den inhaftierten Kadern in Form von Prozesserklärungen o.ä. geleistet.

Für die zweite Generation kann in der Summe festgehalten werden, dass ihre Theoriebildung auf kläglichem Niveau war und das es ein signifikantes Kennzeichen war, dass die Aktionen und der bewaffnete Kampf im Vordergrund standen. Erst nach-

---

[22] Martin Jander, Zieht den Trennungsstrich jede Minute, S. 157

dem die Führungskader – wie Mohnhaupt, Schulz und Klar - der zweiten Generation verhaftet worden waren, gelang es den versprengten und sich neu formierenden Resten der zweiten Generation mit dem „Mai-Papier" (vermutlich in personae Helmut Pohl) ideologische Arbeit zu leisten.

Die Kommandoerklärungen von 1979 bis 1981 und das Mai-Papier von 1982 stehen folgerichtig im Zentrum der folgenden Betrachtungen, auch wenn das umfangreiche im Mai 1982 erschienene Strategie-Papier erst von der dritten Generation adaptiert und umgesetzt wurde. Ansonsten finden sich wenige und wenig umfangreiche Kommando-Erklärungen, welche die Aktionen der RAF in den Jahren 1977 ff. begleiteten. Allerdings sind bei diesen wenigen Schriftstücken der ideologische Gehalt und der Theoretisierungsgrad so gering gehalten, dass diese für eine gehaltvolle Analyse kaum Anhaltspunkte bieten.

1977 holte die RAF unter der Führung von Brigitte Mohnhaupt zu einem alles entscheidenden Schlag gegen die Bundesrepublik aus. Die Bundesrepublik wurde von einer nicht gekannten Terrorwelle heimgesucht.

Der Generalbundesstaatsanwalt Buback und der Bankier Ponto wurden kaltblütig mit der Schusswaffe exekutiert und schließlich misslang ein Angriff auf die Bundesanwaltschaft in Karlsruhe wegen technischer Probleme – Peter-Jürgen Boock behauptete später wahrheitswidrig, dass er so absichtlich das Attentat verhindert habe. Boock war in der RAF bekannt dafür, ein taktisches Verhältnis zur Wahrheit zu haben und seine Drogensucht zeichnete sich dafür verantwortlich, dass einige der RAF-Mitglieder von der Polizei gefasst wurden. Im Herbst des Jahres 1977 wurde der Arbeitgeberpräsident Schleyer in Köln entführt und diese bleihaltige Zeit ging als Deutscher Herbst in die Annalen ein.

Die in Zusammenhang mit diesen Aktionen verfassten Kommando-Erklärungen sind ideologisch wenig unterfüttert, theoretisch auf erbärmlichen bis nicht vorhandenem Niveau und erklären lediglich die Funktionen der Anschlags-Opfer. So heißt es über den Generalbundesanwalt Buback: „Für Akteure des Systems selbst wie Buback findet die Geschichte immer einen Weg [...] Buback war direkt verantwortlich für die Ermordung von Holger Meins, Siegfried Hausner und Ulrike Meinhof. Er hat in seiner Funktion als Generalbundesanwalt – als zentrale Schalt- und Koordinationsstelle zwischen Justiz und den Westdeutschen Nachrichtendiensten in enger Kooperation mit der CIA und dem NATO-Security-Commitee – ihre Ermordung inszeniert und geleitet."[23] Die RAF-Erklärung unterstellt also eindrücklich, dass die bundesdeutschen Behörden nicht nur direkt verantwortlich für den Tod der gefallenen RAF-Mitglieder sei, sondern darüber hinaus, dass die BRD in dieser Hinsicht von externen US-amerikanischen Instanzen geleitet sei. Damit sprechen die Autoren der BRD in aller Deutlichkeit ihre autonome Staatlichkeit ab.

Die Kommando-Erklärung zur Erschießung von Jürgen Ponto fällt noch kryptischer aus: „Zu Ponto und den Schüssen, die ihn jetzt in Oberursel trafen, sagen wir, dass uns nicht klar genug war, dass diese Typen, die in der Dritten Welt Kriege auslösen und Völker ausrotten, vor der Gewalt, wenn sie ihnen im eigenen Haus gegenübertritt, fassungslos stehen."[24] Die RAF unterstellt also in dieser Erklärung den ökonomischen Protagonisten des Systems der BRD aus Profit und strategischen Interessen die Initiierung von Kriegen und Gewalt – und dies v.a. in der Dritten Welt. Gleichzeitig schreibt die RAF sich als Organisation dann das Verdienst zu, diese Gewalt wieder in die scheinbar gesicherten Verhältnisse der dafür Verantwortlichen zurückgetragen und damit für eine kleine Gerechtigkeit gesorgt zu haben.

---

[23] Erklärung vom 7. April 1977, S. 266
[24] Erklärung vom 14.8.1977

Als das markanteste Ereignis der RAF-Historie gilt bis heute unumstritten die Schleyer- Entführung. Schleyer verkörperte für die RAF wie kaum ein anderer die Kontinuität des 3. Reiches in der Bundesrepublik. Schleyer war als Offizier der SS in der Nachkriegsbundesrepublik zu einem der wichtigsten Protagonisten des ökonomischen Systems avanciert. Ein Nachrichtenmagazin hatte Schleyer hinsichtlich seiner Funktion als Arbeitgeberpräsident „Boss der Bosse" genannt.

Das Ziel der Schleyer-Entführung war die Freipressung der in Stammheim inhaftierten Kader, allen voran Baader, Ensslin und Raspe. Allerdings hatte sich bereits bei der blutigen Botschafts-Besetzung in Stockholm durch ein RAF-Kommando gezeigt, dass der Staat (in personae der ehemalige Wehrmachtsoffizier Helmut Schmidt) bei Aktionen mit Toten nicht zu Verhandlungen bereit war.

Alle Erklärungen zur Schleyer-Entführung beschränken sich fast ausschließlich auf Aspekte des (Gefangenen-) Austausches, der Kommunikation mit der Bundesregierung und Forderungen, wobei die Bundesregierung häufig (und zu Recht) des Taktierens und der Unaufrichtigkeit bezichtigt wird. Eine ideologische Unterfütterung kann hier keinesfalls ausgemacht werden und dies ist symptomatisch für den desolaten Zustand der Kommandoebene, welche lediglich eine

Ausrichtung auf Aktionen besaß. Die RAF hatte sich von einer Bewegung mit revolutionärem Anspruch hin zu einer Bewegung entwickelt, die versuchte, ihre Gefangenen zu befreien.

Es dauerte zwei Jahre nach der RAF-Niederlage von 1977 bis die RAF zu neuen Aktionen ausholte. Diese richteten sich v.a. gegen die US-Nato-Strategie. Dabei hatte sich insbesondere aufgrund der personellen Besetzung der RAF-Kommando-Ebene die Erfordernis eingestellt, andere Aktionsformen als Entführungen zu wählen: „Formell hielt die zweite Generation der RAF sogar nach dem Herbst 1977 am Ziel der Gefangenenfreipressung fest, weswegen jetzt auch Hans-Dietrich Genscher und Alexander Haig als Geiseln genommen werden sollten [...] Ergebnis dieser taktischen Überlegungen war die Abkehr von Entführungsaktionen und die Rückkehr zu Tötungsabsichten [...] Dies entsprach nicht zuletzt der verminderten Stärke der Gruppe, die zu komplexen und logistisch aufwendigen Geiselnahmen kaum mehr in der Lage gewesen wäre."[25] Beim Sprengstoffanschlag auf den Oberbefehlshaber der NATO General Alexander Haig findet im Bekennerschreiben eine strategische Analyse des globalen Kräfteverhältnisses unter besonderer Berücksichtigung des imperialistischen Kapitalismus statt.

---

[25] Tobias Wunschik, Aufstieg und Zerfall, S. 179

Die sozialdemokratische Regierung wird der verdeckten Kriegsführung bezichtigt.

Die RAF-Analyse der militärisch-ökonomischen Weltpolitik nimmt sich so aus: „Was sich verändert hat seit der politischen und militärischen Niederlage der Vereinigten Staaten in Vietnam, ist, dass ihre Aggressivität zugenommen hat statt abgenommen, ist, dass die Völker der Welt mit einer neuen amerikanischen Offensive konfrontiert sind, die gleichzeitig einen qualitativen Sprung markiert in der Entwicklung des Kräfteverhältnisses zwischen Revolution und Konterrevolution – oder, wie wir gesagt haben: im weltrevolutionären Prozess der Einkreisung der Städte durch die Dörfer. Durch die Befreiungskriege in Südostasien und Afrika hat sich die Front näher an das Zentrum, an die Metropolen selbst herangeschoben und den Rückzug des US-Imperialismus – die sogenannte Verlagerung des strategischen Schwerpunkts nach Westeuropa – taktisch und strategisch unmöglich gemacht."[26] Die Counter-Bewegung der imperialistischen Staatenbünde hat sich – so die RAF - in ihrer Qualität verschärft, da die Niederlage des Imperialismus nach Vietnam deutlich spürbar ist. Nunmehr, so die Analysten der RAF weiter, sei die Front nahe an Europa herangerückt. Dies ist ein Gedanke, welcher später für die dritte RAF-Generation

---

[26] Erklärung vom 25. Juni 1989, S. 282

von entscheidender Bedeutung sein wird. Es ist unter diesen Umständen, so die euphemistische Einschätzung der RAF-Verfasser, für die USA, sogar im Kernland Westeuropas nicht mehr möglich, einen sicheren Rückzugsraum zu haben. Es ist in diesem Selbstverständnis auch die Aufgabe der Guerilla durch permanente Angriffe diesen potentiellen Rückzugsraum zu versperren. Die RAF sieht sich also als ein kleiner Teil im weltrevolutionären Prozess, wobei sie an der entscheidenden Scharnier-Stelle Westeuropa in den Kampf eingreift.

Den Bombenanschlag auf das Hauptquartier der US Air Force in Ramstein begleitet eine Erklärung, welche die eben genannten Entwicklungen aufgreift und radikalisiert. Ausdrücklich wird zum Angriff auf die US-Basen und imperialistischen Militär-Strategen (als Personenopfer) aufgerufen.

Der durch das US-Militär vorangetriebene Imperialismus bedeutet gemäß der RAF für Millionen von Menschen Tod und Vernichtung. Historisches Ziel des Imperialismus sei es, so die Erklärung weiter, die Geschichte zurückzudrehen und die politische und militärische Macht der weltweiten Befreiungsbewegungen zu zerstören. Natürlich versuche der Imperialismus außerdem, das militärische Gleichgewicht zwischen sozialistischen und den imperialistischen Staaten zu seinen Gunsten zu verschieben. Über das US-Hauptquartier würden die imperialistischen Roll-Back-Unternehmungen koordiniert und gesteuert. Zudem werde die gesellschaftliche Realität in den NATO-Staaten bestimmt.

Insofern unternimmt die RAF auch in diesem Papier eine Art der innenpolitischen Analyse. Die US-Militärstrategie bestimmt demnach „die gesellschaftliche Entwicklung in den NATO-Ländern, und in ihr kommt dieses System – imperialistische Politik insgesamt – wie in einem Brennpunkt auf seinen Begriff. Der schleichende Tod im 24-Stunden-Tag der Metropole, die Zerstörung im Existenzkampf, Perspektivlosigkeit, Entfremdung, die Entmenschlichung der Arbeit, die Tendenzen zur Eliminierung der Menschen durch die Maschine aus der Produktion überhaupt, die Vernichtung der Lebensbedingungen durch Atomindustrie, Chemie, Beton, die Gefängnisse, die Kontrolle und Kanalisierung aller Lebensäußerungen und ihre Repression, wenn Sie nicht für das System umgedreht werden können."[27] Die US-Militärstrategie steht laut RAF in einem direkten Kausalnexus zu den beschriebenen Lebensbedingungen in der bundesrepublikanischen Metropole, da sie sich für die unmenschlichen und zerstörerischen Tendenzen in der Gesellschaft verantwortlich zeichnet.

---

[27] Erklärung vom 31. August 1981, S. 289

Die im obigen Zitat genannten Aspekte tauchen ausnahmslos auch in Texten der dritten RAF-Generation wieder auf, wobei der sozialarbeiterische Impetus dann beinahe noch gesteigert wird. Bei der Lektüre der Texte der dritten RAF-Generation, welche ja auch entschieden an Lesfreundlichkeit gewinnen, beschleicht einen manchmal der Eindruck der Sonntagspredigt eines besonders engagierten und sozialkritischen protestantischen Pfarrers zu lauschen, der sich vorher mit einem links-sozialen Sozialarbeiter besprochen hat. Nicht völlig ohne Grund wird die RAF manchmal als eine Bewegung mit protestantischer (geistesgeschichtlicher) Verwurzelung gesehen.

Beim Angriff des Kommandos Gudrun Ensslin auf den Ober-Kommandierenden Kroesen der US-Armee baut die RAF die argumentative Linie aus, dass im westeuropäischen Kernland eine neue Front gegen den Imperialismus aufgemacht werden müsse. Kroesen sei gleichzeitig für die Kriegsführung gegen die revolutionären Befreiungsbewegungen in der 3. Welt und die Bekämpfung der Guerilla in West-Deutschland zuständig.

Ausdrücklich erhebt die RAF die BRD in den Kolonialstatus, d.h., dass die gesamte bundesrepublikanische Wirklichkeit von den USA bestimmt werde. Als ideologische Neuerung kann der zum Schluss der Erklärung auftauchende Gedanke gewertet werden, wie der Widerstand in der BRD auszusehen habe und wer dessen Akteure sein sollten: „Widerstand heißt Angriff gegen den konterrevolutionären Angriff. Widerstand heißt, die eigene Praxis in den Zusammenhang der Guerilla stellen. Guerilla, der Kampf der Gefangenen aus der Guerilla, der Kampf der antiimperialistischen Militanten sind die Linien, die als eine Einheit die revolutionäre Front in Westeuropa bilden [...] Alle Kämpfe für Lebensbedingungen in allen Bereichen als antiimperialistischen Kampf führen, also zur Front bringen [...] Die westeuropäische Guerilla erschüttert dieses Zentrum".[28] Hier zeichnet sich bereits in nuce ab, was in dem vergleichsweise umfangreichen Strategiepapier „Guerilla, Widerstand und antiimperialistische Front" detaillierter beschrieben werden wird.

Es ist der Gedanke da, dass die Kommandoebene der RAF mit den Gefangenen der RAF und anderen Ebenen des Widerstands, vorzugsweise den militanten Antiimperialisten und gewaltbereiten Autonomen zusammen eine Front in Westeuropa bilden sollte. Ebenso zeichnet sich der strategische Grundgedanke ab, welcher später von der dritten Generation als Kardinalfehler bezeichnet wird. Die Strategie der RAF ist demnach ausschließlich die Strategie gegen die Strategie der Imperialisten. Aus einer solchen Negationsstrategie kann sich nichts

---

[28] Erklärung vom 15. September 1981, S. 290

Positives entwickeln, was für Teile der Bevölkerung attraktiv wäre.

Fatalerweise wird also von der RAF kein eigenes, positiv besetztes Szenario entworfen, welches aber zur Mobilisierung der Massen notwendig gewesen wäre. Die Qualität der Politik und Angriffe der RAF bestimmt sich alleine daraus, dass eine Strategie zur Negierung und Bekämpfung der imperialistischen Bewegung gefunden werden soll.

Es ist symptomatisch für die Verfasstheit der RAF nach der Verhaftung der ersten Generation, dass bis zur Vorlage eines neuen umfangreichen Strategiepapiers mit dem Titel „Guerilla, Widerstand und antiimperialistische Front" zehn Jahre vergingen. Generell zeichnet sich das Mai-Papier durch seine sprachliche Verquastheit und eine damit verbundene wenig gehaltvolle Theoretisierungsebene und einen folglich wenig aussagekräftigen Inhalt aus. Die Kommandoerklärungen der zweiten Generation hingegen zeichnen sich durch einen leichteren Stil und eine größere Lesefreundlichkeit aus.

Die RAF versuchte nun nach dem sogenannten Mai-Papier durch konzertierte Angriffe eine neue Qualität ihres Kampfes zu erreichen, welcher letztlich in der Lage sein sollte, die Roll-Back-Walze aus Repression und Zerstörung von dem Imperialismus zurückzudrängen. Besonderes Merkmal ist hierbei, dass die Verfasser von „Guerilla,

Widerstand und antiimperialistische Front" verhaftet wurden, bevor sie eine Realisierung der in dem Papier genannten Strategien vornehmen konnten. Die Kommando-Ebene der dritten Generation ab 1984 versuchte nach eigenem Bekunden die Umsetzung des „Mai-Papiers", ohne an dessen Abfassung in irgendeiner Form beteiligt gewesen zu sein. Die in diesem Strategiepapier zum Ausdruck gebrachte, konzeptionelle Neuorientierung der RAF bezog sich vor allem auf die im Folgenden dargestellten zwei verschiedenen Ebenen.

Zunächst wurde der Versuch unternommen, „den bewaffneten Kampf auf eine breitere Basis zu stellen",[29] indem die RAF beabsichtigte, ein sogenanntes zweigliedriges Frontkonzept aufzubauen, welches aus der Kommandoebene der RAF und den militanten Antiimperialisten und gewaltbereiten Autonomen als so genannte kämpfende Einheiten bestehen sollte: die Kommandoebene war für Anschläge gegen Personen und die kämpfenden Einheiten für Anschläge gegen Objekte zuständig.[30] Aus dieser Konzeption versprach sich die neue Kommando-Ebene der RAF eine größere Durchschlagskraft für ihren revolutionären Kampf: „Eine Aktions-

---

[29] Horchem, H., J., Der Verfall der Roten Armee Fraktion, in: Aus Politik und Zeitgeschichte, B 46-47/90, S. 56
[30] Peters, B., RAF, Terrorismus in Deutschland, S. 336

linie für jeden, der diesen Kampf will, auf der (sic!) Bruch mit dem Staat, Revolte, militante Kämpfe überall zur Politik - zur Strategie des Angriffs auf das imperialistische Zentrum zusammenkommen können und die aus ihrer Praxis zwingend macht, dass sie darin zusammenkommen."[31] Erneut ist also der Gedanke der RAF zu sehen, dass sich all diejenigen, welche den Bruch mit dem System vollzogen hatten, zum gemeinsamen Angriff mit der Guerilla gegen den Staat formieren sollten. Die Qualität dieses Konfrontationsniveaus verhindert nicht, dass die RAF diese Aktionsformen als konkrete Politik betrachtet und begreift.

Der materielle Angriff der RAF und des als Widerstands subsumierten Rests der revolutionären Bewegung sollte sich einerseits auf der Ebene der Kommando-Ebenen gegen Personen und Einrichtungen, andererseits auf der Widerstandsebene alleine gegen sachliche Dinge und Objekte richten.

Front meint dabei im Selbstverständnis der RAF weitaus „mehr als Actions, Front, also Kämpfe, die in ihren gemeinsamen Zielen zu einem Kampf werden und von daher sich politisch und praktisch verbinden können [...] Die antiimperialistische Front in der

---

[31] RAF, Guerilla, Widerstand und antiimperialistische Front, in: Ausgewählte Dokumente der Zeitgeschichte , Bundesrepublik Deutschland (BRD) - Rote Armee Fraktion (RAF), S. 118

BRD jetzt – das sind militärische Angriffe, einheitliche koordinierte militante Projekte, die darauf aus sind, die imperialistische Strategie zu durchkreuzen [...], sie ist struktureller und organisatorischer Kampf um die Handlungsfähigkeit".[32] Die Angriffe der Kommandoebene und des militanten Widerstands sollten sich also aufeinander beziehen, um eine maximale Wirkung zu entfalten und, darauf wurde oben hingewiesen, eine Strategie gegen die Strategie der Imperialisten sein.

Die zweite inhaltliche Neuorientierung des Mai-Papiers bestand darin, dass nun in der Hauptsache nicht mehr alleine gegen politische und militärische, sondern administrative Funktionsträger aus Wirtschaft und Verwaltung vorgegangen werden sollte. Damit geriet beinahe zwangsläufig der militärisch-industrielle Komplex[33] ins Visier der RAF. Der MIK zeichnete sich in der Ideologie der RAF dadurch aus, dass er die technologische und materielle Basis für die Counter-Kriegsführung des Imperialismus bereitstellte und dieses Vorgehen basierte natürlich auf dem kapitalistischen Grundsatz der maximalen Kapitalakkumulierung.

Von den Verfassern des Mai-Papiers wurde gefordert, „die politischen, strukturellen,

---

[32] Guerilla, Widerstand und antiimperialistische Front, S. 297 f.
[33] Kurz: MIK.

praktischen Elemente und Linien des Angriffs auf den Kern der imperialistischen Macht hier: BRD-Staat und NATO herauszuziehen, um sie offensiv weiterzuentwickeln."[34] Die Analyse der globalen und gesellschaftlichen Realität, welche es gemäß RAF rechtfertigte die Angriffe auf den MIK auszuweiten, nahm sich dann so aus: „Ein imperialistischer Apparat, militärpolitisch aggressiv, technologisch und produktions- und organisationstechnologisch hochgepusht, der sein Ziel, wieder einzige Weltmacht zu werden, militärisch gegen den Willen der Sowjetunion und der sozialistischen Staaten gleichwertige Macht zu bleiben und politisch gegen das Selbstbewusstsein der Völker in Afrika, Lateinamerika, Asien nicht mehr erreichen wird, der mit seinen umfassenden politisch-ökonomisch—militärischen Kriegsmitteln aber stark genug ist, den national befreiten Ländern die Bedingungen ihrer Entwicklung zu diktieren [...] und vielleicht stark genug, die sozialistischen Staaten durch Rüstungszwang und über den Weltmarkt ökonomisch zu zerrütten – und der in der Metropole, in der der Staat nicht aufhören wird zu versuchen, die imperialistische Macht doch noch zur Übermacht aufzurichten, unter Auspowerung, Polizeistaat

---

[34] RAF, Guerilla, Widerstand und antiimperialistische Front, in: Ausgewählte Dokumente der Zeitgeschichte, Bundesrepublik Deutschland (BRD) - Rote Armee Fraktion (RAF), S. 119

und Krisenmanagement eine faulende Gesellschaft festpresst."[35] In beinahe weiser Voraussicht erkannte die RAF in ihrer Analyse, dass es im Kalkül des Westblocks lag, über das Wettrüsten (hier sei v.a. SDI genannt), den Ostblock ökonomisch (und eben nicht militärisch) in die Knie zu zwingen. En passant versuchte der kapitalistische Staatenblock – so die RAF weiter - die Länder in der 3. Welt gewaltsam oder ökonomisch auf die Linie des Kapitalismus zu bringen. Innergesellschaftlich beschreiben Stichworte wie Polizeistaat und Krisenmanagement, dass die Verhältnisse als antagonistisch zu begreifen sind und nur durch Repression aufrechterhalten werden können.

Zusammenfassend kann gesagt werden, dass die RAF im Jahre 1982 von der anfänglich selbstreklamierten marxistisch-leninistisch orientierten Guerillabewegung weit entfernt war, denn wo vom Selbstbewusstsein der Völker die Rede ist, da ist der Sprung zum Subjektivismus nicht weit. Zum Schluss konzentrierte sich die RAF in Schrift und Aktion beinahe ausschließlich auf gesellschaftlich-politische Teilausschnitte, wie z.B. militärwirtschaftliche Komplexe und militärische Objekte. Der Blick auf das gesellschaftliche Ganze, auf die Gesellschaft in ihrer Vielfalt, ging den RAF-Analysten

---

[35] Guerilla, Widerstand und antiimperialistische Front, S. 302

offensichtlich verloren. Dies stellte nicht zuletzt die dritte Generation später selbstkritisch fest. Von einer die gesamtgesellschaftlichen Bedingungen erfassenden Umwälzung war von Seiten der RAF keine Rede mehr.

2.3 Die Ideologie der dritten Generation

Einmal mehr erschien es 1984 so, als ob es dem Staat endgültig gelungen wäre, die RAF vernichtend und endgültig zu zerschlagen. Um die dritte Generation der RAF ranken sich viele Mythen und gefährliches Halbwissen, was nicht zuletzt damit zusammenhängt, dass bis zu dem Vorfall in Bad Kleinen, beinahe 10 Jahre nachdem die dritte Generation sich formiert hatte, kaum Kenntnisse über die Kommandoebene und die Strukturen der RAF vorhanden waren. Die absurden Spekulationen gingen sogar so weit, dass von nicht sonderlich seriösen Publizisten vermutet wurde, dass es sich bei der dritten Generation der RAF und ihren Anschlägen um Geheimdienstleute und Geheimdienstaktionen handele, um sich unbequemer Wirtschaftseliten zu entledigen und eine anti-linke Stimmung in der Bevölkerung zu generieren. Wer einer demokratisch verfassten Gesellschaft wie der unseren solche Absurditäten zutraut, bei dem kann es mit einem realistischen Blick für demokratische Gegebenheiten und die demokratische

Verfasstheit unserer Gesellschaft nicht weit her sein.

Bis heute ist allerdings wenig über die Mitglieder der Kommandoebenen der dritten Generation bekannt. Lediglich die verhaftete Birgit Hogefeld hat ihre Mitgliedschaft in der RAF-Kommandoebene der dritten Generation zugegeben. Ebenso gilt als belegt, dass der in Bad Kleinen ums Leben gekommene Wolfgang Grams Führungsmitglied dieser Kommandoebene war.

Im Nachhinein stellte sich heraus, dass viele Personen, welche zur Fahndung als Mitglieder der dritten RAF-Generation ausgeschrieben waren, sich entweder im Exil in der real-sozialistischen DDR oder bei Kampfgefährten im Nahen Osten befanden. Insofern bleibt bis heute weitgehend im Dunkeln, wer genau zur Kommandoebene der RAF in der dritten Generation gehört hat. Vor dem Hintergrund einer nicht nur technologisch hoch gerüsteten Staatmacht überrascht diese Tatsache umso mehr. Ein nicht unwesentlicher Faktor ist, dass die dritte Generation der RAF wohl aus den Fehlern ihrer Vorgänger gelernt hatte und so gut wie keinerlei verwertbare Spuren hinterließ. In diesem Zusammenhang wird dann von einer Professionalisierung der Terroristen gesprochen.[36]

---

[36] Alexander Straßner, die dritte Generation der RAF, S. 217 f.

Die dritte Generation baute ja wie gesagt ideologisch auf dem „Mai-Papier" auf, ohne konzeptionell an dessen Entstehung beteiligt gewesen zu sein. Wie erinnerlich versuchte die RAF ihren Kampf bzw. ihre Front auf eine breitere Basis zu stellen, um damit mehr Durchschlagskraft zu erreichen.

Die Organisationsebenen der RAF in der dritten Generation nahmen sich also wie folgt aus:[37]

1. Die Kommandoebene mit einer vermuteten Mitgliederzahl von 15 bis 30 Personen zeichnete sich für Attentate gegen Personen verantwortlich und entwarf die ideologische Marschrichtung.

2. Die illegalen Militanten als Autonome und Antiimperialisten verstärkten die Attentate der Kommandoebene mit Anschlägen auf (materielle) Objekte mit einem identischen Thema. Die Stärke der illegalen Militanten dürfte zwischen 20 und 50 Personen gelegen haben.

3. Das legale militante RAF-Umfeld führte kleinere Anschläge auf Objekte durch und half bei Tatvorbereitungen (ca. 200 Personen).

4. Das legale Umfeld der RAF mit ca. 2000 Personen betreute die in den Gefängnissen einsitzenden RAF-Kader und war gleichzeitig

---

[37] Vgl. das Schaubild in Alexander Straßner, Die dritte Generation der „Roten Armee Fraktion", S. 83

für die Agitation und Propaganda verantwortlich.

In den ideologischen Erklärungen der dritten RAF-Generation wurde zunächst das Frontkonzept des „Mai-Papiers" aufgegriffen, wobei dieses um den Gedanken einer internationalen Front angereichert wurde.

1985 kam es folgerichtig zu einer gemeinsamen Erklärung der RAF und ihrem französischen Pendant, der Action Directe. Der Kerngedanke war hierbei, der Gegenrevolution in Westeuropa eine starke gemeinsame Front der revolutionären Befreiungsbewegungen entgegenzusetzen: „Wir sagen, es ist notwendig und möglich, eine neue Phase für die Entwicklung revolutionärer Strategie in den imperialistischen Zentren zu eröffnen und als eine Bedingung für diesen qualitativen Sprung die internationale Organisation des proletarischen Kampfes in den Metropolen, ihren politisch-militärischen Kern: westeuropäische Guerilla schaffen."[38] Es ist offensichtlich, dass die RAF zumindest semantisch wieder mehr in Richtung Marxismus tendiert, denn nun ist vom proletarischen Internationalismus, proletarischem Bewusstsein und internationalem Klassenkrieg die Rede. Diesen terminologischen Wandel kann man als Zugeständnis an die europäischen Terrororganisationen sehen,

---

[38] Gemeinsame Erklärung von RAF und Action Directe, Januar 1985, S. 328

mit welchen die RAF zusammenarbeiten wollte, da diese meistens einem konservativen Marxismus-Leninismus anhingen. So waren Kooperationen mit einem Teil der Brigate Rosse, der spanischen GRAPO oder der belgischen CCC angedacht. Dabei handelt es sich um Terror-Organisationen, welche strikt marxistischem Gedankengut nahe standen und dies auch von ihren Bündnispartnern einforderten.

Im Zuge der Erschießung von Ernst Zimmermann fügt die RAF zum ersten Mal ausdrücklich der Militärisch-Industrielle Komplex in das ideologisch-strategische Gesamtkonzept ein. Dem Militärisch-Industriellen-Komplex „kommt in den für die kapitalistische Rekonstruktion zentralen Betrieben - Erforschung und Produktion neuer Technologien, Elektronik, Waffen, Kriegsökonomie – entscheidende Bedeutung zu [...] Hauptstoßrichtung ist jetzt klar die europäische Formierung. Bedingung dafür: die Abschaffung der für die BRD festgelegten Rüstungsbeschränkungen innerhalb der WEU, die Rüstungskooperation mit anderen europäischen NATO-Staaten, vor allem mit Frankreich, die Bereitstellung von 29% mehr Geld für die Forschung im Verteidigungshaushalt. Im Angriff gegen die Säulen der imperialistischen Macht in der BRD/Westeuropa greifen wir in die sich verschärfende Krise ein und bestimmen ihren Verlauf und ihre Lösung für die Offensive des

Befreiungskriegs" ein.[39] Der MIK nimmt nun ganz offensichtlich im ideologischen Konzept der RAF eine Schlüsselstellung ein, da er die technologischen und materiellen Grundlagen für den imperialistischen Krieg und die Counter-Insurgency-Bewegung schafft.

Deutlich wird, dass die RAF der BRD und Westeuropa (hier: v.a. Frankreich) den Versuch einer absoluten Aufrüstung unterstellen, um sich gegen die kommunistischen Staaten durchsetzen zu können. Offensichtlich ist auch das Diktum, dass die Strategie der RAF die Strategie gegen diejenige der Feinde ist, denn die RAF sucht analog der bekämpften und verhassten Staaten den Schulterschluss mit der französischen Guerilla und möchte gleichzeitig den MIK aufs Schärfste angreifen.

Eine Einschätzung des globalen Kräfteverhältnisses gibt die RAF in einem Interview zum Ausdruck: „Es gibt für die imperialistischen Staaten in ihrer substantiellen Krise – der Tatsache, dass sie keine Strategie mehr haben und nur noch ein Ziel verfolgen können: den weltweiten revolutionären Prozess aufzuhalten – strategische militärische Projekte nach innen und außen, die sie durchsetzen müssen, auch zum Preis der Zuspitzung der Widersprüche zwischen Staat und Gesellschaft und einem weiteren Schritt in der Transformation in den faschistischen

---

[39] Erklärung vom 1. Februar 1985, S. 331

Staat."[40] Absurd mutet der RAF-Befund an, dass die RAF dem Staat bzw. den imperialistischen Staaten unterstellt, nur eine Strategie gegen die Strategie der (kommunistischen) Befreiungsbewegungen zu besitzen. Damit ist die Tautologie vollzogen, denn dieselben strategischen Motive, welche die RAF für sich notgedrungen reklamiert, unterstellt sie auch dem Staat. Das imperialistische Staatensystem sieht die RAF so stark in der Krise, dass es nur noch auf externe Impulse, also Angriffe der Guerilla, zu reagieren in der Lage ist. Ein souveräner Staat sollte sich allerdings v.a. – dies versteht sich von selber - durch Agieren auszeichnen. Ebenso wird das Verhältnis zu den anderen revolutionären Bewegungen klar gestellt. Die RAF bestreitet, dass sie die Action Directe und andere Organisationen in irgendeiner Form steuern würde.

Beim Anschlag auf die Rhein-Main-Air-Base stellt die RAF in ihrem Bekennerschreiben ihr Kalkül heraus, dass es den Imperialisten unmöglich sein sollte, von Westdeutschland aus den Krieg gegen die kommunistischen Bewegungen in aller Welt führen können. Ziel der westeuropäischen Guerilla muss es demnach laut RAF sein, den Kampf auf eine neue Stufe zu heben, damit die Offensive gegen den imperialistischen Apparat gelingen kann.

---

[40] Interview vom April 1985, S. 340

Die Angriffe gegen das System sollten sich dabei auf politische, militärische und ökonomische Bereiche erstrecken. Die Angriffslinie wird aus den Bedingungen Westeuropas entwickelt und spannt zugleich den Bogen aber globaler, indem auf die Gesamtsituation verwiesen wird: „Proletarischer Internationalismus ist das fundamentale Bewusstsein für den revolutionären Kampf in den Metropolen: er ist die Identität der Ausgebeuteten und Unterdrückten im weltweiten Kampf gegen die Herrschaft des Kapitals und das Wissen, dass das Ziel der völligen Zerschlagung des imperialistischen Systems erst dann real wird, wenn diese Perspektive auch in den Zentren seiner Macht eröffnet ist. Das heißt: wenn wir die imperialistische Bourgeoisie hier mit den Zielen der Revolution konfrontieren, die politisch-militärischen Angriffe gegen ihre Machtstrukturen verschärfen und ihr so die Basis zerstören, auf der sie sich durch Kriege, kapitalistische Umstrukturierung und Repression – als Mittel zur Lösung ihrer umfassenden Krise – zum alles beherrschenden Gesamtsystem aufrichten will."[41] Die Angriffe im westeuropäischen Kernland gegen den Imperialismus sollen – so die RAF - folgerichtig verschärft werden, damit die materielle Basis des internationalen Kapitals weg bricht, auf welcher die Imperialisten die Kriege, Unterdrü-

---

[41] Erklärung vom 8. August 1985, S. 342

ckung und die systemischen Umstrukturierungsmaßnahmen vollziehen.

Der leitende taktische Gedanke liegt offensichtlich auf der Hand. Wenn es der RAF gelingt, die Gewaltspirale so hoch zu drehen, dass die (materiellen) Verluste des Imperialismus zu hoch ausfielen, dann bricht das System zusammen. Oder wie Helmut Pohl das in einem anderen Zusammenhang formuliert hat: Die Kosten müssen höher ausfallen, als der Profit, den sie sich versprechen. In diesem Zusammenhang wird die Hybris der RAF einmal mehr überdeutlich. Es scheint, dass die RAF allen Ernstes annimmt, durch Anschläge ihrer Kommando-Ebene die Kosten des Systems so hoch zu treiben, dass das kapitalistisch-imperialistische System daraufhin zusammenbrechen wird.

In Zusammenhang mit dem Anschlag auf die US-Air-Base in Frankfurt und der Erschießung des Gis Pimental geriet die RAF auch innerhalb radikaler linker Diskussionszusammenhänge in Erklärungsnotstand. Auch alt gediente, gefangene Genossinnen wie Irmgard Möller gingen zunächst davon aus, dass es sich bei der Liquidierung eines einfachen Gis Pimental um eine Counter-Action handele, d.h., dass die westlichen Geheimdienste die Tat begangen hatten, nicht zuletzt, um die RAF ideologisch zu desavouieren.

Als Folge der schweren Vorwürfe äußerte sich die RAF 1986 mit zwei längeren Erklärungen, welche nicht in direktem Zusammenhang mit einem Anschlag standen. Im Kern fand in diesen Schreiben eine summierende Rekonstruktion der in den vorigen Erklärungen dargestellten Ausführungen statt.

Eine Stelle ist aber von besonderem Interesse, denn hier wird die Wegwendung vom Marxismus-Leninismus und die Hinwendung zur Subjekttheorie der Frankfurter Schule besonders deutlich: „Dass der Prozess der Front nicht bruchlos und hier jetzt nicht massenhaft läuft – ist klar. Er hat aber jetzt schon durch seine praktischen Initiativen, in denen es für jeden sichtbar um den Bruch mit dem Herrschaftssystem, Kampf um Befreiung geht, mobilisierende Wirkung und Anziehungskraft, und erreicht politische Wirkung in der konkreten Konfrontation gegen den Staat, das sich formierende Gesamtsystem [...] Selbstbestimmung, Kollektivität gibt es nicht außerhalb vom Kampf, sondern nur, indem sie der Macht abgerungen und die Mauern zwischen den Menschen eingerissen werden – als Prozess des Aufbaus proletarischer Gegenmacht, die gegenüber der gesellschaftlich organisierten Macht und Repression des Kapitals unabhängig ist [...] Dieser Prozess ist nur möglich und lebt durch die Entscheidung und Anstrengung jedes einzelnen, der sich über das gemeinsame Ziel: die Zerschlagung des Systems und die revolutionäre Umwälzung – in den Zusammenhang der Front stellt, in der ganzen Konsequenz, als ganzer Mensch. Dieser subjektive Sprung ist das Entscheidende, von dem abhängt, wie weit die Front hier kommt."[42] Die RAF ist – entgegen semantischen Tendenzen einiger Bekennerschreiben in direkter zeitlicher Nähe - offensichtlich weit von einer marxistisch-leninistischen Gesellschaftsanalyse entfernt, nach welcher es die objektiven (makro-)gesellschaftlichen Bedingungen sind, welche die Revolution vorantreiben.

Bei der RAF ist es in diesem Schreiben das Subjekt, welches sich in seinem Individuationsprozess bewusst für die Revolution entscheiden muss. Nur durch die Aggregierung dieser Entscheidungen, welche zu einem subjektiven Bruch mit dem System führen, kann laut RAF eine schlagkräftige revolutionäre Front in Westeuropa aufgebaut werden. Zum ersten Mal taucht in diesem Text eine wesentliche Semantik auf, welche die RAF-Erklärungen in den Jahren 1990 ff. entscheidend prägen wird: Selbstbestimmung bzw. später dann Selbstorganisierung. Die revolutionäre Linke reklamiert für sich den Tatbestand der Selbstorganisierung. Die führenden Soziologen und Politologen des Selbstorganisationsdiskurses (wie

---

[42] An die, die mit uns kämpfen, S. 354 f.

z.B. Niklas Luhmann) wären wohl schockiert gewesen, wenn sie nachvollzogen hätten, in welchen Zusammenhängen ihre Theorien en vogue waren.

Die zweite RAF-Erklärung von 1986 ist beinahe inhaltlich redundant mit der ersten, wobei noch einmal eine Art innenpolitisch-globale Analyse vorgenommen wird: „Der imperialistische Krieg in der Metropole ist längst unsere Wirklichkeit. Die ganze Politik des internationalen Kapitals, des imperialistischen Staats und seiner Apparate hat heute hier allein den Zweck, national und international Widerstand zu vernichten und alle Bereiche durch den Staatsschutz zu besetzen [...] Verwertbar machen für das Kapital, für den Markt, das heißt zu liquidieren, was nicht mehr für den kapitalistischen Zweck funktioniert [...] (in der Vernichtung von Millionen von Menschen in der <<3. Welt>>, für die das Kapitalsystem keinen Platz mehr hat, ist das auf den Punkt gebracht), das läuft im Fitmachen der BRD und des westeuropäischen Staatenblocks für die militärische Aggression. Das ist die faschistische Vision einer von High- Tech durchstrukturierten, kontrollierten und versklavten Gesellschaft [...] Von der Forschung bis zur Produktion ist alles an der Entwicklung von Kriegsmitteln orientiert."[43] Damit konstatiert die RAF, dass die gesellschaftliche Realität

---

[43] Die revolutionäre Front aufbauen, S. 364

der BRD durch die staatliche Kontrolle und Repression durchzogen ist. Zudem ist es das Anliegen des Staates, alle gesellschaftlichen Bereiche so zu kontrollieren, dass diese für die kapitalistischen Verwertungszusammenhänge reibungslos funktionieren.

Was sich dem kapitalistischen Verwertungszusammenhang nicht unterordnen kann, wird gemäß RAF auf die eine oder andere Art liquidiert. Eine besondere Stellung bei der gesellschaftlichen Organisierung des Kapitalsystems nimmt dabei die Technologisierung aller Lebensbereiche ein. Offensichtlich versucht die RAF im Lager der Feinde des technologischen Fortschritts nach Anhängern zu fischen.

Die Verhältnisse im Inneren kehren sich – so die RAF-Analyse weiter - aber auch nach außen. Denn die BRD im Gefolge Westeuropas orientiert sich immer mehr an der ökonomisch-militärischen Kontrolle von exterritorialen Gebieten, um sie der kapitalistischen Verwertungslogik unterzuordnen. Diese dialektische Bewegung scheint der RAF nur folgerichtig, denn nur, wenn die Befriedung im Inneren funktioniert, kann das Aggressionspotential auch nach außen gerichtet werden. Die RAF sieht hier ihren Ansatzpunkt als Guerilla zu intervenieren und den so skizzierten innen- und außenpolitischen Projekten der BRD und Westeuropas eine politische und militärische Grenze zu setzen.

Bei der Offensive 1986 lernte die RAF aus ihren Fehlern, denn der quantitative Umfang der Bekennerschreiben veränderte sich signifikant. Es scheint der Kommando-Ebene evident gewesen zu sein, dass Attentate den potentiellen Mitrevolutionären vermittelt werden müssen.

Erneut weist die RAF auf die Notwendigkeit des Aufbaus einer bedeutenden revolutionären Front in Europa hin, damit der Kapitalismus nicht mit seinen Projekten durchkommen könne. Dass „es entscheidend vom revolutionären Kampf in Westeuropa abhängt, ob ihre politische Macht und materielle Basis in den Metropolen schneller zusammenbricht, als sie ihren strategischen Plan realisieren können [...] Die revolutionäre Bewegung in Westeuropa muss heute ihre vielfältigen Kämpfe in einen bewussten und gezielten Angriff gegen die imperialistische Macht transformieren, das heißt: die aktuellen strategischen Projekte der politischen, ökonomischen und militärischen Formierung des imperialistischen Systems in Westeuropa angreifen und die Politik und Praxis in einer umfassenden revolutionären Strategie zur Zerrüttung des Systems im Zentrum und für die Einheit des Metropolenproletariats, die revolutionäre Front in Westeuropa verbinden."[44] Es ist offensichtlich, – und Birgit Hogefeld hat dies später

---

[44] Erklärung vom 9. Juli 1986, S. 376

mehrfach in ihrer Retrospektiven betont – dass die RAF den Kampf mit dem Imperialismus als einen Wettlauf mit der Zeit begriffen hatte. Die via RAF vereinte revolutionäre Front Westeuropas sollte dabei dem Versuch des Kapitalismus den Sieg über den Kommunismus zu erringen, militärische und politische Grenzen durch bewaffnete Politik setzen. Beinahe pathetisch ruft die RAF ihre potentiellen Verbündeten dazu auf, die verschiedenen Teilbereichskämpfen zu einer einheitlichen Front zu vereinheitlichen, um die erforderliche Stärke zu entwickeln.

Im Bekennerschreiben zum Anschlag auf den Ministeriumsmitarbeiter von Braunmühl festigt die RAF ihre bereits argumentativ eingeschlagene Linie und Strategie der vorigen Bekennerschreiben: „Die revolutionäre Bewegung in Westeuropa muss den strategischen Plan der imperialistischen Bourgeoisie, mit dem sie die Weltherrschaft erreichen will und dessen politische und materielle Basis die Metropolen sind, in seinen konkreten aktuellen Projekten angreifen, das heißt, ihn hier zum Angriff auf die zentralen Achsen und treibenden Kräfte der imperialistischen Macht politisch brechen und blockieren, bevor sie ihn realisieren kann. Die revolutionäre Front in Westeuropa organisieren heißt, den Kampf in der Metropole auf dem politisch-militärischen Niveau und in der strategischen Orientierung zu führen, die das imperialistische System insgesamt in Frage stellt und den Prozess der Rekonstruktion der Klasse in Westeuropa als internationalistischen initiiert. Heute müssen wir die Einheit der kommunistischen Guerilla und der revolutionären Bewegung durch diese Offensive aufbauen – kollektiv bestimmt und organisiert mit dem Ziel, die imperialistische Strategie hier zu durchkreuzen, die politischen Linien und Elemente revolutionärer Strategie zu bestimmen und praktisch zu entwickeln. Organisierung der revolutionären Front heißt Organisierung des Angriffs."[45] Anders als in der vorigen, eher von subjektivistischer Terminologie geprägten Erklärung scheint sich die RAF hier wieder bei eher kommunistisch orientierten europäischen Bewegungen (wie der spanischen GRAPO, der belgischen CCC und der italienischen BR) anbiedern zu wollen, indem sie mehr Vokabular marxistischer Provenienz benutzt. Der semantische Subjektivismus der Frankfurter Schule ist über Bord geschmissen und es ist von kommunistischer Guerilla und kollektiver Orientierung die Rede.

Der RAF gilt – egal ob die Subjekt-Theorie der Frankfurter Schule oder Marxismus betont werden - die Ausgangslinie, dass die imperialistischen Pläne verhindert werden müssen. Es scheint, als sei der RAF klar

---

[45] Erklärung vom 10. Oktober 1986, S. 382

gewesen, dass sie einen Wettlauf gegen die Zeit unternahm, zumal sich langsam aber sicher zumindest ein Wandel im Ostblock und bei den kommunistischen Regimes abzuzeichnen begann. Die RAF lebte in dem Bewusstsein, dass sie ihre gesamte revolutionäre Kraft gegen diese Entwicklung in die Wagschale zu werden hatte, um den Sieg des kapitalistischen Systems zu verhindern und der Weltrevolution zum Sieg zu verhelfen.

Der letzte vor der Zeit der Transformation berücksichtigte Anschlag ist derjenige auf Staatssekretär (Finanzministerium) Tietmeyer vom September 1988. Die RAF fabuliert in diesem Bekennerschreiben, wo doch das Ende des Kommunismus im Ostblock zumindest absehbar wurde, von einer sich zementierenden Krise des kapitalistischen Systems: „Imperialistisches Krisenmanagement bedeutet die Verlängerung und Verschärfung des Elends und der Vernichtung der Menschen in der Metropole und der 3. Welt. Es ist der Versuch, das bestehende zugespitzte und katastrophale Gleichgewicht im Kräfteverhältnis zwischen Imperialismus und Befreiung, gegen den zunehmenden Druck der Befreiungskämpfe und die inneren Erosionen des Systems, mit allen Mitteln zu stabilisieren und weitere Einbrüche zu vermeiden."[46] Völlig an der Realität vorbei

---

[46] Erklärung vom 20. und 21. September, S. 387

glaubt die RAF an ein Kräftegleichgewicht zwischen Imperialismus und Kommunismus. Ebenso geht sie von einer inneren Erosion des kapitalistischen Systems und der BRD aus, welches ein Krisenmanagement i.S.e. korrektiven Systemstabilisierung erforderlich mache.

Dass die objektive Lage – auch aus Sicht der RAF - so rosig nicht gewesen sein kann, zeigen einige Ausführungen am Ende der Erklärung, welche sich (wiederum subjektivistisch und gemäß der Frankfurter Schule) mit der Identität des Revolutionärs befassen: „Die Identität im Ziel kann und muss als gemeinsames subjektives Moment für die Einheit der Revolutionäre und für die bewusste Vereinheitlichung der revolutionären Kämpfe im westeuropäischen Zentrum bestimmt werden. Revolutionärer Kampf braucht die Vertiefung der subjektiven und politischen Bewusstseinsprozesse – d.h. die existentiellen Erfahrungen im System zum politischen Begriff der Situation zu bringen, eigene Vorstellungen und Ziele zu bestimmen und sich klar zu werden über die objektiven Bedingungen, also die Macht des Imperialismus, die dagegen steht und gegen die Umwälzung durchgesetzt werden muss. Revolutionäre Identität, die bewusste und unumkehrbare Entscheidung dafür, den Kampf für die grundsätzliche Umwälzung der Verhältnisse zum Sinn und Inhalt des eigenen Lebens zu bestimmen, ist Voraussetzung und Basis für selbstbestimmte, offensive und kontinuierliche Praxis und gegen Kapitulation und Verrat."[47] Was die RAF hier unternimmt erinnert an ein verzweifeltes Bemühen, Bundesgenossen oder zumindest potentielle Unterstützer ideologisch und praktisch zu disziplinieren. Auffällig ist die Immunisierung und Totalität der Behauptungen, denn – so die RAF - wer nicht aktiv am revolutionären Kampf teilnimmt, der hat auch keine Aussicht auf ein selbst bestimmtes Leben und begeht darüber hinaus noch Verrat und kapituliert vor den bestehenden Verhältnissen. Revolutionäre Zuversicht, welche tatsächlich an Kräfte der Revolution, die Verbündeten und die eigenen Analysen der Revolution und des Imperialismus glaubt, sieht eigentlich anders aus.

Es beschleicht einen vielmehr der Eindruck, dass der RAF bereits zur Zeit des Attentats auf Tietmeyer bewusst war, dass sich das Kräfteverhältnis im Kalten Krieg eindeutig zugunsten des Kapitalismus verschoben hatte und dass der Ostblock, die Zentralverwaltungswirtschaft und die kommunistischen Systeme den Kalten Krieg verloren hatten. In den folgenden Jahren zeigten sich auch bei der RAF die Auswirkungen der Niederlage des Kommunismus, wenn auch nicht sofort. Die RAF betrachtete später sel-

---

[47] Erklärung vom 20. und 21. September, S. 388

ber den Zusammenbruch des Ostblocks als den maßgeblichen Grund, der zum Auflösungsprozess der RAF geführt hat.

2.4 Jahre der Transformation (1989 bis 1992)

Nicht nur die obersten Terroristenjäger der Bundesrepublik hegten im Herbst 1989 die Hoffnung, dass sich mit dem Kollaps des Ostblocks und der sich nun anschließenden Transformationsphase die Geschichte des deutschen Linksterrorismus erübrigt habe. Diese Hoffnungen zerplatzten jäh am 2. Dezember 1989. Die RAF sprengte den Vorstandsvorsitzenden der Deutschen Bank, Alfred Herrhausen, in die Luft. Herrhausen personifizierte die Deutsche Bank und war zudem ein enger Vertrauensmann von Bundeskanzler Helmut Kohl.

Damit stand Herrhausen repräsentativ für eine Melange der Ökonomie und Politik, welche ihn zu einem bevorzugten Ziel der dritten Generation der RAF machen musste. Herrhausen war folgerichtig eine der am besten bewachten Personen in Deutschland, was aber die RAF nicht von dem Attentat abhalten konnte. Die Signale der RAF (an die eigene Gefolgschaft, aber auch an die Sicherheits- und Strafverfolgungsbehörden) schienen deutlich zu sein:

1. Wir sind handlungsfähig und
2. Wir sind in der Lage, jedes beliebige Ziel – und sei es noch so gut bewacht - erfolgreich anzugreifen.

Im Gegensatz zu den Beckurts- und von Braunmühl-Anschlägen fällt die RAF-Kommandoerklärung vergleichsweise kurz aus. Sie ist aber von zentraler interpretatorischer Bedeutung, da sie den Beginn eines neuen Abschnitts darstellt. Phasen des Umbruchs und der Transformation sind zudem immer von besonderer Erklärungskraft.

Einleitend stellt die RAF in ihrem Bekennerschreiben heraus, dass die beim Attentat verwendete Hohlmine selber hergestellt war. Nach diesen praktischen Details kommt sie zum Anschlagsziel. Die RAF macht die Deutsche Bank dafür verantwortlich, dass sie sich während des 1. und 2. Weltkriegs am Blutvergießen bereichert und die Menschen millionenfach ausgebeutet habe.

Laut RAF regierte Herrhausen in dieser Kontinuität die Deutsche Bank, welche das Machtzentrum der deutschen Wirtschaft bildet. Diese Begründungs- und Argumentationsform sollte in nächster Zeit auch bei den Gefangenen an Bedeutung gewinnen. So verweisen die Celler Gefangenen Taufer, Dellwo und Folkerts mehrfach darauf hin, dass die RAF eine Art der nachholenden Ressistance sei, d.h., dass die RAF den im

3. Reich kaum vorhandenen Widerstand nun in der BRD als faktischem (Rechts-) Folgestaat des 3. Reichs mit einem hohen Maß an persönlicher Kontinuität (d.h. Nationalsozialisten in hohen öffentlichen Ämtern und in Schlüsselpositionen der Wirtschaft) nachhole.

Es trifft zwar zu, dass bereits 1977 bei der Schleyer-Entführung ein ähnlicher Gedankengang Pate stand, denn Schleyer stand im Denken der RAF wie kein zweiter für die Kontinuität des NS-Staats in der Bundesrepublik. Schleyer hatte vor 1945 bereits hohe Ämter im ökonomischen System eingenommen und war Mitglied der Waffen-SS gewesen.

Nach 1989 wurde diese Argumentationsform aber von der RAF (und anderen Linken wie z.B. den selbsternannten Gralshütern linker Theorie in *Konkret*) um die absurde Behauptung angereichert, dass Deutschland auf ein 4. Reich zusteuere. Damit sei nicht nur eine personelle, sondern auch eine ideologische Kontinuität des Nationalsozialismus gegeben. Besonders ab 1992 veränderte sich die Blickrichtung der RAF in Richtung Anti-Faschismus und Anti-Rassismus und gegen die angeblichen deutschen Großmachtpläne des 4. Deutschen Reichs.

Die von der deutschen Bank betriebene Wirtschaftspolitik mit den Merkmalen der Macht und Herrschaft konfligiere gemäß

RAF „überall frontal mit den Interessen der Menschen nach einem Leben in Würde und Selbstbestimmung".[48] Es scheint, als ob die RAF jeglichen ideologischen Ballast über Bord geworfen habe, um sozialpädagogisch anmutenden Verklausulierungen Platz zu machen. Ein Leben in Würde und Selbstbestimmung ist völlig analytisch offen und völlig inhaltsleer, nicht zuletzt da die Füllung der Begriffe immer vom jeweiligen Subjekt und der sozialkulturellen Prägung abhängt.

Die RAF benutzt die o.g. genannten Begriffe residualkategorisch, um zu verdeutlichen, dass das kapitalistische System die Würde und Selbstbestimmung der Menschen per se zunichte mache und damit verurteilenswert sei. In diesem Bekennerschreiben fehlt – im Gegensatz zu manchen früheren Schriften, wo dies zumindest teilweise im Ansatz erkennbar war – jegliche theoretische und ideologische Begründung - und sei sie auch noch so absurd und widersinnig.

In der RAF-Kommando-Erklärung folgt außerdem eine kurze Deskription von Herrhausen und der Deutschen Bank. Die Deutsche Bank sei europaweit die größte Bank und dominiere die wirtschaftliche und politische Entwicklung. Zudem stehe sie „an der Spitze der faschistischen Kapitalstruktur, gegen die sich jeder Widerstand durchsetzen

---

[48] Erklärung vom 2. Dezember 1989, S. 392

muss."⁴⁹ Implizit unterstellt die RAF also den ökonomischen Strukturen in Deutschland, dass diese einen faschistischen Charakter besitzen. Zugleich weist sie auf die Angriffsrichtung der revolutionären Linken hin, denn es gilt ja für den Widerstand sich dagegen durchzusetzen.

Damit ist offensichtlich, dass die RAF große Teile der Strategie aus der Zeit vor 1989 in die neue Epoche der One World mitgenommen hat. Widerstand verweist in der Terminologie der RAF auf den Zusammenschluss von RAF und Militanten. Außerdem ist weiterhin die Strategie der RAF diejenige gegen die Strategie des Kapitalismus und Imperialismus.

Ein neues Moment ist allerdings zwangsläufig, dass die RAF die veränderten geopolitischen Rahmenbedingungen in ihre Analyse einbezieht. Denn das Ziel der Deutschen Bank bestehe in einer Eroberung Osteuropas, „jetzt steht sie und andere lauernd in den Startlöchern, um auch die Menschen dort wieder dem Diktat und der Logik kapitalistischer Herrschaft zu unterwerfen."⁵⁰

Für weitgehende gesellschaftliche Empörung – auch unter großen Teilen der Linken - sorgte der Teil der RAF-Kommandoerklärung, in welchem Herrhausen von

---

⁴⁹ Erklärung vom 2. Dezember 1989, S. 392
⁵⁰ Erklärung vom 2. Dezember 1989, S. 392

der RAF bezichtigt wurde, durch seinen Vorschlag, der dritten Welt zu einem großen Teil die Schulden zu erlassen, die Herrschafts- und Ausplünderungsverhältnisse langfristig zu sichern. Auch radikale Linksintellektuelle begrüßten den Vorschlag des Vorstandssprechers der Deutschen Bank, den am stärksten verschuldeten Ländern der Welt die Schulden zu erlassen.

Durch ihre Argumentationsfigur verfällt die RAF in eine argumentative Immunisierungsstrategie, welche jegliche ernsthafte inhaltliche Auseinandersetzung hinfällig macht und die jeglichen theoretisch-ideologischen Überbaus entbehrt. Dem Imperialismus unterstellt die RAF, dass er des Profits und der Macht zuliebe für Völkermord, Hunger, Erniedrigung und umfassende Zerstörung verantwortlich sei. Abgerundet wird dieses Szenario der RAF-Analyse durch die erneut vage und beliebig erscheinende Begründung, dass die Menschen im kapitalistischen System nirgends nach ihren eigenen Vorstellungen und Werten leben könnten. Dabei präzisiert die RAF nicht, wer diese Menschen seien und was für Werte sie denn hätten. Zudem kann die Behauptung in ihrer globalen Totalität nicht richtig sein, denn die RAF unterstellt ja gerade den Kapitalisten ihre Projekte in der von ihnen gewünschten Form realisieren zu können. Auch aus der RAF immanenten Sicht und Argumentation gilt, dass es im Kapitalismus

Menschen gibt, die ein Interesse daran haben, die bestehenden Verhältnisse aufrecht zu haben.

Den langen Schlussteil der RAF-Erklärung zum Herrhausen-Attentat bildet der Blick auf die strategische Neuausrichtung. Diese wird eingeläutet durch die Behauptung und Drohung, dass die Akteure des Systems wissen müssen, „dass ihre Verbrechen ihnen erbitterte Feinde geschaffen haben, dass es für sie keinen Platz geben wird in der Welt, an dem sie vor den Angriffen revolutionärer Guerillaeinheiten sicher sein können."[51] Die strategische Neuausrichtung der RAF beginnt also mit der total und global gefassten Drohung, dass die Eliten des kapitalistischen Systems nirgendwo auf der Welt sicher sein können vor den Angriffen der Guerilla. Damit wird das vor dem Zusammenbruch des Ostblocks existente Bedrohungsszenario einfach aufrecht erhalten. Bezeichnend ist, dass die RAF sich selbst als verbitterte Feinde der Eliten des kapitalistischen Systems bezeichnet. Dies ist allerdings ein Zustand, welcher sowohl für die Zeit vor als auch nach dem Zusammenbruch des Ostblocks zutrifft. Bezeichnend ist, dass die militärische holistische Drohung alle weiteren strategischen Ausführungen überschattet und somit die ideologische und praktische Stoßrichtung vorgibt.

---

[51] Erklärung vom 2. Dezember 1989, S. 392

Die RAF gesteht ein, dass die veränderte internationale Situation neue Entwicklungen in Deutschland und eine Neubestimmung des revolutionären Prozesses erfordere. Um dies sicherzustellen suche die RAF die Diskussion mit denjenigen, „die Schluss machen wollen mit der imperialistischen Zerstörung und die für eine grundsätzlich andere, an den Menschen orientierte gesellschaftliche Realität kämpfen, und die die Auseinandersetzung mit uns wollen [...] Wir stellen uns das vor als einen Prozess von gemeinsamer Diskussion und Praxis, in dem offen über die verschiedenen Erfahrungen, Vorstellungen und Kritiken geredet wird, um die gesamte Entwicklung zusammen zu begreifen und um zu politischen Bestimmungen und konkreten greifbaren Vorstellungen für den Umwälzungsprozess zu kommen."[52] Bewusst hält die RAF die Bestimmung derjenigen, mit denen Sie in die Diskussion eintreten möchten, völlig offen. Es scheint ihr also bewusst gewesen zu sein, dass die Front-Vorstellung von Kommandoebene und Widerstand zu schmal gefasst und der neuen Situation nicht angemessen ist. Das formulierte Ziel der RAF ist einmal mehr eine Negativbestimmung, denn die gesellschaftliche Realität soll nicht an der imperialistischen Zerstörung orientiert sein. Die einzige (positive) Spezifizierung liegt darin, dass die Gesellschaft am Menschen orientiert sein

---

[52] Erklärung vom 2. Dezember 1989, S. 392

solle. Dies ist allerdings wieder eine analytisch völlig offene und inhaltsleere Formulierung. Der Prozess, welcher die Basis für die Neuausrichtung der revolutionären Politik in Theorie und Praxis bilden soll, besteht in Diskussionen mit allen, die solch einen Schritt mittragen wollen. Damit offenbart sich die RAF als Diskussions-Club, welcher den richtigen Weg zur revolutionären Umwälzung im Diskurs mit anderen erarbeiten möchte.

Expressis verbis weist die RAF darauf hin, dass die RAF-Gefangenen ein Teil dieses Diskussionsprozesses sein sollen. Dies verknüpft die Kommando-Ebene der RAF mit der Forderung nach Zusammenlegung und Freilassung der Gefangenen. Am Ende steht der Aufruf, die unterschiedliche revolutionäre Praxis gegen das imperialistische System zu verbinden: „Der revolutionäre Prozess braucht neue Dynamik und produktive Wechselbeziehungen, nur zusammen können die Kämpfe die nötige Kraft entwickeln, um destruktive Entwicklungen des Imperialismus zu stoppen und überhaupt seine ganze zerstörerische Entwicklungsrichtung umzudrehen – nur zusammen, also als eine Front gegen den Imperialismus können wir hier in Westeuropa gemeinsam mit den Befreiungskämpfen weltweit einen einheitlichen, internationalen und lang andauernden Umwälzungsprozess durchsetzen."[53] Die RAF erkennt also an, dass ein revolutionärer Prozess nur mit weiteren revolutionären Kräften durchgesetzt werden könne. Diese Aussage bezieht sich einmal auf den Abschnitt Westeuropa. Zum anderen reiht sich dieser spezifische revolutionäre Teilausschnitt in den weltweiten Befreiungskampf linker revolutionärer Kräfte ein.

Beinahe lakonisch klingt das Eingeständnis der RAF, dass der Befreiungskampf nun lange Zeit andauern wird, was nach dem Wegfall der systemischen Alternative in Form des Ostblocks nicht verwundern kann. Der RAF ist es bewusst, dass der Sieg gegen den Kapitalismus nun kaum mehr zu antizipieren ist und dass ein schneller Sieg über den Kapitalismus schlichtweg unmöglich ist.

Dubios nimmt sich die so genannte RAF-Erklärung zu Agrar-Minister Ignaz Kiechle vom 26. April 1990 aus. In mehreren deutschen Tageszeitungen wurde ein vermeintliches Bekennerschreiben der RAF gedruckt, warum ein Attentat auf den Agrar-Minister Ignaz Kiechle nicht stattgefunden habe. Die RAF erklärt ihrerseits ihr vermeintliches Bekennerschreiben als Inszenierung des Verfassungsschutzes und, dass sie sich eigentlich erst zu einem späteren Zeitpunkt dazu äußern wollte. Da aber Desorientierung und inhaltliche Auseinandersetzung

---

[53] Erklärung vom 2. Dezember 1989, S. 392 f.

mit dem vermeintlichen Bekennerschreiben stattgefunden habe – so die RAF weiter -, sei man zu einer schnelleren Reaktion gezwungen gewesen. Als Ziel der Geheimdienst-Aktion nennt die RAF die Hervorbringung von Verunsicherung, Spaltung und Desorientierung und dies in einer sensiblen Phase, wo, laut RAF, viele Menschen auf strategische und taktische Überlegungen und Vorstellungen der Guerilla warteten.

Beinahe dünnhäutig nimmt sich das Eingeständnis aus, dass Fehler der RAF nachhaltiger wirkten als gute Aktionen. Sicherlich rekurriert die RAF damit auf den Mord an dem einfachen US-Soldaten Pimental, welcher die RAF innerhalb der radikalen Linken viele offene und unterschwellige Sympathiepunkte gekostet hatte.

Letztlich zieht die RAF auch das vermeintliche Anschlagsziel in Lächerliche: „Aber gerade in der jetzigen Situation, in der es einerseits eine immer größere Nähe zwischen denen, die kämpfen gibt und gleichzeitig jede Menge Fragen, versuchen sie mit einem völlig nicht nachvollziehbaren Angriffsziel wie diesem Agrar-Wurm und entpolitisierten Parolen von <<forciertem Aktionismus>> die Nähe, die über den Angriff auf Herrhausen zwischen vielen Teilen der revolutionären Linken und uns neu entstanden ist, zu treffen."[8] Immerhin – so könnte man dieser Einlassung berechtigt entgegnen - bekleidete Ignaz Kiechle den Rang eines Bundesministers und wäre somit durchaus als potentielles Opfer der RAF denkbar. Zwar liegt eine Terminologie wie forcierter Aktionismus nicht unbedingt im Bereich des Üblichen von RAF-Erklärungen, da etwas Forciertes und Aktionismus Unüberlegtes implizieren und somit nicht dem hehren revolutionären Selbstverständnis entsprechen. Allerdings wird in linksradikalen Kreisen von Aktionen bzw. Actions gesprochen, wenn auf politische Anschläge o.ä. verwiesen werden soll.

Mit dem Anschlag auf den Staatssekretär des Innenministeriums, Hans Neusel, im Juli 1990 versucht die RAF erneut ihre internationale Anschlussfähigkeit herzustellen. Zwar hatte das Frontkonzept Westeuropa in den 80er Jahren nicht funktioniert. Dennoch scheint es wohl der RAF auf den Versuch anzukommen, neue Bundesgenossen zu gewinnen.

Der Anschlag der RAF unterstützt den Hungerstreik der GRAPO und PCER. Die harte Haltung der spanischen Regierung zum Hungerstreik liefert die argumentative Brücke zum Anschlag auf Innenstaatsekretär Neusel, der zum Widerstandsbekämpfungs-Experten stilisiert wird: „Wir wollten Neusel für seine Verbrechen zur Verantwortung ziehen. Er organisiert und führt Krieg gegen alle, die für Befreiung, Selbstbestimmung und ein menschenwürdiges Leben und gegen die Zerstörung, die von diesem System ausgeht, kämpfen."[54] Erneut tauchen in der RAF-Erklärung analytisch offene und inhaltsleere Begriffe wie Befreiung, Selbstbestimmung und menschenwürdiges Leben auf, ohne auch nur ansatzweise konkretisiert zu werden.

Neusel habe – so präzisiert das RAF-Schreiben die Funktion Neusels - die westeuropäische Aufstandbekämpfung vorangetrieben und im Hungerstreik 1989 die harte Linie gegen die Gefangenen festgelegt. Zudem verkörpere Neusel, so die RAF weiter, die faschistische, personelle Kontinuität Deutschlands vom 3. Reich zum Großdeutschland, welches auf das 4. Reich zusteuere. Ansatzweise zeichnet sich hier das neue Feindbild der RAF ab, welches in einem faschistisch orientierten und agierenden, vereinigten Großdeutschland besteht. Präzisiert werden diese Befürchtungen durch die in keiner Weise belegte Behauptung, dass die GSG 9 türkische Spezialtruppen ausbilde, welche am Völkermord gegen das kurdische Volk involviert seien. Damit ist ein in der Zukunft an Gewicht gewinnender Bündnispartner der RAF benannt: die kurdischen Befreiungsbewegungen.

Nach einigen Erläuterungen zur Wichtigkeit der Gefangenenkämpfe und –frage reflektiert die RAF die neuen geopolitischen Ausgangsbedingungen, welche die Rahmenparameter

---

[54] Erklärung vom 29. Juli 1990, S. 394

für die Bestimmung der revolutionären Strategie bestimmen. Am Anfang steht das unumwundene Eingeständnis, dass der Kapitalismus den Kalten Krieg gewonnen habe. Daraus folgert die RAF die zukünftige Strategie des Imperialismus: „Aus dieser Machtposition heraus versuchen sie heute, an jedem Punkt Terrain gegen alle revolutionären Kämpfe um Lebensbedingungen zurück zu gewinnen und da, wo von unten schon Ziele durchgesetzt wurden, die Entwicklung wieder zurück zu drehen."[55] Die RAF unterstellt also dem kapitalistischen System implizit, dass es jetzt, wo keine systemische Alternative mehr vorhanden ist, jegliche Form des Widerstandes ausmerzen möchte. Diese Behauptung verbindet die RAF mit dem Begriff der Selbstorganisation des Alltags der Menschen, was durch die imperialistischen Staaten unmöglich gemacht werden soll.

Selbstorganisation ist eine ursprünglich vom chilenischen Neurobiologen Maturana in das Diskurssystem induzierte Terminologie, deren semantischer Gehalt – darauf wurde weiter oben hingewiesen - vom gesamten politisch-weltanschaulichen Spektrum adaptiert worden ist. Es spricht für die Theoriefeindlichkeit der RAF, dass sie, obwohl sie den Begriff häufiger gebraucht, an keiner Stelle ausführt, wie und in welchem

---

[55] Erklärung vom 29. Juli 1990, S. 396

Sinne dieser Begriff denn nun genau gefüllt werden solle.

Selbstbestimmte Lebensräume sieht die RAF in West-Europa z.B. in der Hausbesetzer-Szene, die sie gleichzeitig als Herausbildung einer neuen revolutionären Bewegung sieht. Nicht nur an dieser euphemistischen Einschätzung scheint das große Verzweiflungspotential der RAF-Kommando-Ebene deutlich zu werden. Allerdings bestanden ja zu Beginn der 90er Jahre tatsächlich Verbindungen der RAF-Kommando-Ebene zur Hausbesetzer-Szene, z.B. in die Hamburger Hafenstraße.

Einen Ansatz gegen die Resignation und Verzweiflung der Menschen sieht die RAF in der subjektiven Entscheidung des Menschen, mit diesem System zu brechen, wodurch erneut deutlich auf die Subjekt-Theorie der Frankfurter Schule rekurriert wird, wobei die Terminologie der Selbstorganisation eine Spezifizierung bildet: „Die Erfahrung der Zerstörung durch das System kann zur bewussten und endgültigen Entscheidung für die Umwälzung der herrschenden Realität und für ein selbstbestimmtes und -organisiertes Leben gebracht werden."[56] Erneut werden also die Begriffe Selbstorganisierung und Selbstbestimmung verwendet, ohne dass die RAF genauer erklärt, was damit gemeint ist.

---

[56] Erklärung vom 29. Juli 1990, S. 397

Es scheint die Hoffnung der RAF zu sein, dass die Erfahrung der Zerstörung durch das System die Menschen dazu bringe, mit dem System konsequent zu brechen und den bewaffneten, revolutionären Kampf auf zu nehmen. Aber auch hier bleiben Begriffe wie System und Zerstörung holistisch unterspezifiziert und besitzen somit keinerlei Aussagekraft. Diese Tendenz zur sprachlichen Immunisierung der RAF wurde mehrfach festgestellt.

Am Ende der Erklärung nimmt die RAF noch eine weitere Analyse des Systems vor: „Die BRD und die neuen Machteliten der DDR verfolgen mit dem Schritt zum Großdeutschland dieselben Ziele und imperialen Pläne wie der Nazi-Faschismus. Der dritte Überfall, den das deutsche Kapital in diesem Jahrhundert auf die Völker Europas führt, wird nicht mit militärischen Mitteln, sondern mit den Mitteln der Wirtschaft und Politik geführt. Die Unterwerfung von Millionen von Menschen unter die Prinzipien von Markt, Profit und Warenstruktur bringt neues Leid und Elend für die Völker. Es werden diesmal nicht Millionen Tote und ausgelöschte Menschen sein, sondern Millionen entwürdigte und unterdrückte Menschen, die an der Zerstörung ihrer Lebensstrukturen und menschlichen Beziehungen verzweifeln und innerlich – in ihrer Seele – zugrunde gehen sollen. Und auf der Basis der neuen Macht, die das BRD-Kapital an der Spitze Westeuropas aus dieser Entwicklung zieht, wollen sie zu einer neuen Runde in der Unterwerfung und Ausplünderung der Völker im Trikont ausholen."[57] Damit bekräftigt die RAF einmal mehr ihre Unterstellung einer persönlichen wie theoretischen Kontinuität Nazi-Deutschlands zum wiedervereinten Deutschland, wobei sich lediglich die Wahl der Mittel unterscheide, da das wiedervereinte Deutschland auf ökonomische und politische Mittel setze. Die Einführung der freien Marktwirtschaft in den ehemaligen Ostblockstaaten bringt laut RAF Leid und Elend in diese Gegenden, sodass Millionen Menschen unterdrückt und entwürdigt werden.

Es ist offensichtlich, dass ein Vergleich zwischen den materiell geführten Angriffskriegen der Nazis und der Einführung der Marktwirtschaft die Opfer des 3. Reichs verhöhnt. Ein solch zynischer Vergleich desavouiert die unzähligen Opfer, die das 3. Reich hervorgebracht hat. Seelisches Elend wird durch die RAF zum Substitut der Militärpolitik deklariert. Nach der Unterwerfung Osteuropas unterstellt die RAF, dass die ehemaligen Kolonialländer im Trikont erneut ausgebeutet werden sollten. Als Strategie dagegen stellt die RAF den internationalen Klassenkrieg in Aussicht. Damit verbindet sich erneut in diesem Bekennerschrei-

---

[57] Erklärung vom 29. Juli 1990, S. 398

ben die Theorie der Frankfurter Schule mit Marx-Rezeption, welche zum internationalen Klassenkampf aufruft.

Die Erklärung zu Neusel verfestigt den Eindruck, dass die Kommando-Ebene der RAF nach dem Zusammenbruch des Ostblocks konzept- und orientierungslos war. Von theoretischen Ansätzen und Argumentationsmustern, ideologischen und ideengeschichtlichen Fundamenten ist wenig bis nichts zu entdecken. Als neues Moment zu den Merkmalen Frankfurter Schule und Marxismus kommt der Gedanke der Selbstorganisation. In jedem Fall hat sich die RAF weit von genuin marxistischem Denken entfernt und entbehrt nun mehr oder weniger jeglicher ideologischen Fundierung. Die wenigen Theorie-Elemente sind eklektisch und basieren nicht auf fundierter Theorie.

Ähnlich wie bei Kiechle sah sich die RAF im September 1990 gezwungen, auf mehrere Artikel in großen deutschen Nachrichtenmagazinen zu antworten, wonach die besetzten Häuser der Hamburger Hafenstraße der RAF als Kommandozentrale fungiere und die Bewohner der Hafenstraße der RAF tatkräftig logistische Unterstützung angedeihen ließen.

Diese Berichte weist die RAF empört als Staatsschutzlügen zurück, obwohl sich gewisse Zusammenhänge zwischen dem mutmaßlichen Mitglied der RAF-Kommando-

Ebene, Burkhard Garweg und der Hamburger Hafenstraße nicht von der Hand weisen lassen. Die RAF stellt gleichwohl ihren bewaffneten Kampf auf eine Ebene mit der Existenz selbstbestimmter Lebensräume, wie der Hamburger Hafenstraße, da beides nicht in die großdeutschen Weltmachtpläne passe.

Die RAF fabuliert davon, dass sich die Notwendigkeit des Widerstandes aus der gesellschaftlichen Realität ergebe, „dass es immer wieder und immer mehr Menschen gibt, die mit diesem System, in dem Geld und Macht alles, dagegen die Menschen, ihre Würde und Moral ein Dreck sind, ein für allemal Schluss machen wollen. Deswegen soll der Hafen weg."[58] Erneut wird konstatiert, dass das System außerhalb der Systemlogik liegende Lösungen nicht zulasse.

Am Beispiel des Hamburger Hafens glaubt die RAF ablesen zu können, dass es immer mehr Menschen in Deutschland gebe, welche sich gegen das System wendeten und welche für die Generierung selbstbestimmter und selbstorganisierter Lebensräume kämpfen. Offensichtlich verfällt die RAF hier einem induktionistischen Fehlschluss, da von einem Beispiel auf die Gesamtheit geschlossen wird. Welche weiteren Anhaltspunkte die RAF für ihre völlig realitätsfernen Gesellschaftsanalysen besitzt, bleibt bis auf

---

[58] Erklärung vom 29. Juli 1990, S. 399

weiteres im Dunkeln und somit mehr als fragwürdig.

Die RAF unterstellt den Staatsschutzbehörden, dass sie durch Konstrukte wie die Hamburger Hafenstraße versuchten, Menschen des linksradikalen, legalen Spektrums wegen Mitgliedschaft in einer terroristischen Vereinigung o.ä. zu Gefängnisstrafen zu verurteilen. Insofern ist es folgerichtig, dass die RAF in der Erklärung teilweise ihre Strukturen offen legt, auch wenn nicht klar ist, inwieweit die Ausführungen durch taktisches Kalkül bestimmt sind.

Demnach sei die RAF, so ihr Selbstbekenntnis, eine aus der Illegalität operierende, bewaffnet kämpfende Gruppe. Damit widerspricht die RAF Theorien der Fahnder, wonach Terroristen in der Legalität lebten und für Attentate kurze Zeit untertauchten, wie dies z.B. bei den Roten Zellen der Fall war. Die RAF weist auf den Fahndungsdruck der Staatsschutzbehörden hin, welche sie zu Konstrukten und so genannten VS-Kisten zwänge. Seit 1986 (Eva Haule) sei niemand mehr aus der RAF verhaftet worden. Außerdem, so die RAF weiter, würde die RAF alle Attentate alleine planen und selbstständig durchführen. Auch Unterstützung bei Ausspähaktionen gäbe es nicht. Im Sinne einer corporate identity verweist die RAF auf eine Handschrift ihrer Aktionen, welche für die Fahnder keinen Zweifel ließe, dass die Kommandoebene die Taten begangen habe.

Das Ziel der falschen Staatsschutzbehauptungen sei es, potentiell militant Linke auf falsche Fahndungskriterien zu bringen, sie dann im Zweifels- und Bedarfsfall zerschlagen zu können.

Letztlich gesteht die RAF dann aber doch ein, dass sie Kontakte zu vielen Zusammenhängen besitzt, was ja dem in der Herrhausen-Erklärung propagierten Aufbau einer Gegenmacht entspricht: „Natürlich haben wir Kontakte zu Leuten aus den unterschiedlichsten Zusammenhängen, weil wir die Diskussion mit vielen wollen und auch brauchen, denn alle, die den revolutionären Prozess hier weiterbringen wollen, müssten die Situation und die Prozesse in der Linken und im Widerstand genau verstehen. Und außerdem geht es für uns darum, mit Genossinnen und Genossen, die in anderen Kämpfen drin stecken und deren Zielvorstellungen sich mit unseren decken, darüber zu diskutieren, wie wir zusammen zu größerer Kraft und gemeinsamer Stärke kommen können."[59] Die RAF gibt damit also offen zu, dass sie in Kontakt mit Gruppen oder Leuten steht, welche dem linksradikalen Spektrum zugeordnet werden können. Nichts wesentlich Anderes behaupten ja auch die Staatsschützer. Für die RAF seien diese Kontakte notwendig, um die avisierten Diskussionsprozesse führen zu können und um

---

[59] Erklärung vom 29. Juli 1990, S. 401

ideologische Überzeugungsarbeit zu vermitteln.

Offensichtlich fehlt es nach der Wende der RAF an deutlichen ideologischen Konzepten, welche ihrer potentiellen Anhängerschaft einleuchten. Dies ist eine schwierige Ausgangslage, wenn man bedenkt, dass in diesen für Revolutionäre schwierigen Zeiten die Vermittlungstätigkeit der eigenen Ideologie, des revolutionären Kampfes und der Vorstellung einer post-revolutionären gesellschaftlichen Organisierung zwingender notwendig ist denn je.

Das Eingeständnis, dass das Bestreben der RAF in der Verbindung mit anderen darin liegt, zu größerer Kraft und gemeinsamer Stärke zu kommen, konterkariert die gesellschaftsanalytischen Konstrukte der RAF, wonach große Bevölkerungsteile den Bruch mit dem System vollzogen hätten.

Das nächste Attentat der RAF besaß mehr symbolischen Charakter. Zum ersten Mal seit dem Attentat auf die Rhein-Main Airbase griff die RAF ein US-Amerikanisches Ziel an. Der US-Imperialismus war für alle drei Generationen der RAF ein beliebtes Angriffsziel gewesen. Der konkrete Anlass für den Botschaftsbeschuss war der Krieg der USA gegen den Irak. Ein Ziel der Aktion liegt für die RAF in der Gewinnung neuer Bündnisgenossen: „Mit unserer Aktion stellen wir uns in eine Reihe mit all denen, die rund um den Globus gegen diesen US-NATO-Völkermord aufgestanden sind."[60] Offensichtlich möchte die RAF bei der damals engagiert und vielfältig in Aktion getretenen Friedenbewegung und liberalen sowie gewerkschaftsnahen Gesellschaftsteilen Sympathiepunkte sammeln, da diese sich offen gegen den Irak-Krieg gewandt hatten.

Gemäß RAF stellt der Krieg gegen den Irak den ersten Schritt zur Durchsetzung der neuen Weltordnung für die Zeit nach dem Kalten Krieg dar. Dabei verweist die RAF auf die ambivalente Funktion von ehemaligen Verbündeten, denn der Irak habe jahrelang die Interessen des Kapitalismus vertreten, was sich an den Kriegen gegen den Iran und das kurdische Volk gezeigt habe. Nunmehr lägen die Interessen des Iraks und der USA nicht mehr auf derselben Linie. Im Gegenteil, denn Saddam Hussein wandte sich ausdrücklich gegen die US-amerikanischen Hegemonialinteressen.

Außerdem weist die RAF in ihrer Analyse auf die Instabilität der Region des Nahen Ostens hin bei ihrer gleichzeitigen geostrategischen und geopolitischen Relevanz durch ihre Ölvorkommen: „Deshalb soll sich in dieser Region, von deren Öl die westlichen Öl-Konzerne und die westeuropäischen Industriestaaten abhängig sind, keine Macht entstehen, die nicht unter absoluter

---

[60] Erklärung vom 13. Februar 1991, S. 401

Kontrolle des imperialistischen Blocks steht. Das sind die Gründe, warum die imperialistischen Staaten heute diesen Krieg gegen den ehemaligen Verbündeten führen."[61] Die Motivation für den Krieg liegt also laut RAF darin, dass die USA und die anderen imperialistischen Mächte sich den Einfluss und die Macht auf der ganzen Welt in aller Konsequenz sichern wollen. Zudem unterstellt sie dem Kapitalismus, dass er jedes noch so korrupte und totalitäre Regime unterstütze, wenn es nur den eigenen Profitinteressen nicht zuwider laufe. Saddam Hussein hingegen hegte gemäß RAF eigene territoriale Großmachtinteressen, welche sich diametral zu denjenigen der USA befanden.

Zugleich benutze die USA den Krieg – so die RAF weiter -, um die Frage nach der Führungsrolle innerhalb des kapitalistischen Staatensystems verstärkt an militärische Aspekte zu knüpfen; außerdem sei die innenpolitische relevante Sanierung der US-Wirtschaft ein Anliegen: „Am Golf spielt sich derzeit also auch der Konkurrenzkampf der imperialistischen Kernstaaten und bzw. Zentren untereinander um die künftige Macht und Einfluss in der Nah-Ost-Region und um die Vormachtstellung innerhalb des imperialistischen Lagers ab."[62] Der Krieg gegen den Irak besitzt also auch noch die

---

[61] Erklärung vom 13. Februar 1991, S. 401
[62] Erklärung vom 13. Februar 1991, S. 402

zusätzliche Komponente, dass die gegen den Irak Krieg führenden Staaten miteinander um die Vorherrschaft innerhalb des kapitalistischen Staatensystems konkurrieren.

Folgerichtig fragt sich die RAF nach der Stellung Deutschlands in diesem Gefüge. Die RAF konstatiert, dass sich Deutschland bewusst ist, dass die ökonomische Potenz der BRD alleine nicht ausreicht um Großmacht zu werden: „Das Vierte Reich braucht dafür die losgelassene Militärmaschine genauso dringend, wie schon die Nazis sie gebraucht haben. Die Interessen des deutschen Kapitals sollen nach 45 Jahren endlich wieder mit der ganzen Brutalität der Kriegsmaschinerie durchgesetzt werden. Dafür laufen zur Zeit alle Vorbereitungen. Der Bundeswehreinsatz in der Türkei und ihre logistische Einbindung in diesen Krieg sind erste praktische Schritte. Über das Vehikel des UNO-Einsatzes der Bundeswehr – nachdem die UNO neben NATO, IWF und Weltbank zum Instrument imperialistischer Kriegsführung gegen die unterdrückten Völker gemacht wurde – will sich Großdeutschland endlich wieder freie Hand für die militärische Unterwerfung und Ausplünderung der Völker schaffen."[63] Die RAF scheint sich damit erneut auf die Argumentationslinie festlegen zu wollen, dass das wiedervereinigte Deutschland als Nachfolgestaat des 3.

---

[63] Erklärung vom 13. Februar 1991, S. 402

Reiches betrachtet wird. Dabei unterstellt sie im Gegensatz zu früheren Bekennerschreiben, bei denen sie v.a. die ökonomische Vorherrschaft Deutschlands betonte, dass die militärische Aufrüstung und die Vorbereitung des Militäreinsatzes in Deutschland auf Hochtouren laufen. Die immunisierende Argumentationsstrategie der RAF wird komplettiert mit der Behauptung, dass UNO, NATO, IWF und Weltbank allesamt Instrumente der imperialistischen Kriegsführung gehören.

Die indirekten Folgen des Irak-Kriegs sind gemäß RAF z.B. der Kampf der Türkei gegen die Kurden, wobei die Türkei konkret von der Bundeswehr und der NATO unterstützt werden. Israel nutze zudem die Gelegenheit und bombardiere die Palästinenser-Lager. Israel war bereits seit der ersten Generation einer der schlimmsten Feinde der RAF. Das Feindbild der Türkei hingegen ist neu und hängt mit der theoretischen und praktischen Solidarisierung der RAF mit den Kurden (der PKK, aber auch anderen linksorientierten Vereinigungen) zusammen.

Die RAF weiß offensichtlich inzwischen, wie heikel es ist, gegen Israel zu argumentieren. In diesem Sinne sind ihre Ausführungen zu verstehen, dass es unlauter ist, wenn der deutsche Staat Teile der Linken im Zuge des Irak-Kriegs als antisemitisch bezeichne, da die Interessen der Völker im Nahen Osten und der Menschen in der Metropole identisch seien. Eine gesunde, realistische politische Analyse sieht in jedem Fall anders aus. Dabei immunisiert sich die RAF erneut selber, denn alle diejenigen, die gegen den Irak-Krieg protestieren, werden ihrer Logik gemäß vom deutschen Staat der Judenfeindlichkeit bezichtigt. Es fällt auf, dass die holistische und universelle Argumentationsstrategie in den Bekennerschreiben der RAF während der Transformationsphase der Jahre 1989 bis 1992 zunimmt. Vermutlich korreliert diese Art der Argumentation mit der politischen Aussichtslosigkeit und politischen Isoliertheit der RAF-Kommando-Ebene.

Die RAF beginnt expressis verbis das Konzept der Gegenmacht (von unten) zu thematisieren und in diesem Zusammenhang ist auch der populistische Anbiederungsversuch an die Anti-Kriegs-Koalition zu sehen, welchen der Botschafts-Beschuss darstellt. Es gelte eine Gegenmacht aufzubauen und die imperialistische Macht weltweit zurückzudrängen. Ihren potentiellen Verbündeten schreibt die RAF ins Stammbuch: „Ihr müsst euch damit auseinandersetzen, dass imperialistischer Krieg in der Logik des imperialistischen Systems liegt. Dieses System produziert in den <<reichen>> Ländern für die Menschen Vereinzelung und Konkurrenzdruck, jeder gegen jeden; jeder menschliche Lebenssinn soll zerstört werden, statt dessen sollen viele ihre Identität darin suchen, Objekt im Konsumterror zu sein."[64] An dieser Stelle ist wieder der sozialpädagogische Tonfall eines engagierten protestantischen Pfarrers zu spüren, welcher kennzeichnend für die RAF-Schriften Mitte und Ende der 80er Jahre war. Vereinzelung und Konkurrenzdruck sind eigentlich Themen karitativer oder sozialpsychologischer Einrichtungen. Inwiefern das Objekt-Sein im Konsumterror Angriffe auf menschliches Leben rechtfertigt wird an keiner Stelle erwähnt bzw. reflektiert. Wie und wieso das kapitalistische System als systemimmanente Anforderung den Lebenssinn der Menschen zerstören soll, bedarf offensichtlich auch nicht der Erläuterung und verweist auf das armselige Niveau der Erklärung bzw. auf die Absurdität der Anschläge.

Nach den innersystemischen Konsequenzen des imperialistischen Systems verweist die RAF auf die Folgen, wenn die imperialistische Macht intern oder extern gefährdet ist: „Der Imperialismus wird immer dann Kriege führen, wenn irgendwo auf der Welt seine Macht in Gefahr ist; er wird nicht aufhören, seine Bestimmung über die Lebensinteressen der Völker zu stülpen – mit Gewalt, mit Geld, mit Lügen, eben mit der ganzen Palette seiner Herrschaftsmittel. Ein selbstbestimmtes Leben für alle in Würde, ohne Ausbeutung und Unterdrückung, wird es

---

[64] Erklärung vom 13. Februar 1991, S. 403

erst dann geben, wenn wir die Macht des imperialistischen Systems gebrochen haben."[65] Die RAF vermag es nicht, irgendeine ideologische Linie im Sinne einer Positivbestimmung aufzuzeigen. Sie kann immer nur die Strategie gegen die Strategie der Imperialisten angeben, ein Konzept, welches bereits aus der Front-Zeit der 80er Jahre bestens bekannt ist. Erschreckend schwach und platt nimmt sich die beliebig erscheinende, abstrakte Aneinanderreihung der Begriffe selbstbestimmtes Leben, Würde, ohne Ausbeutung und Unterdrückung aus, denn an keiner Stelle werden die verwendeten Begrifflichkeiten in irgendeiner Art theoretisch unterfüttert. Das theoretisch-ideologische Niveau der dritten Generation der RAF in der Transformationsphase von 1989 bis 1992 war äußerst schwach ausgeprägt bis nicht vorhanden.

Die letzte in die vorliegende Studie einbezogene RAF-Kommando-Erklärung ist diejenige, welche im Zusammenhang mit dem Attentat auf den Chef der Treuhandanstalt Rohwedder veröffentlich wurde. Die Treuhand-Gesellschaft wickelte die ehemaligen volkseigenen Betriebe der DDR ab, indem sie versuchte, diese für die Marktwirtschaft fit zu machen.

Die RAF skizzierte in der Retrospektive, dass sie in der Zeit des Rohwedder-Attentats ver-

---

[65] Erklärung vom 13. Februar 1991, S. 403

suchte, Menschen in der ehemaligen DDR für ihre Bemühungen zu mobilisieren, ohne dabei allerdings eine adäquate Situationsanalyse vorgenommen zu haben. Das Attentat auf Rohwedder stellt den Kulminationspunkt dar bei dem Versuch, Bündnispartner in der ehemaligen DDR zu finden. Auch dieser Versuch blieb erfolglos auf der Strecke. Es gelang der RAF in der Transformationsphase offensichtlich nicht – abgesehen von den Kurden – Bündnispartner in irgendeiner Form in Deutschland, Europa oder der gesamten Welt mobilisieren zu können, sieht man einmal von wenigen Lippenbekenntnissen in politischen Prozessen und Publikationen aus linksradikalen Zirkeln ab.

Die RAF beginnt die Rohwedder Erklärung mit der Begründung, warum sie den Manager als Anschlagsziel ausgesucht hat. So habe Rohwedder bereits in den 70er Jahren als Staatssekretär die Rahmenbedingungen durchgesetzt, welche das BRD-Kapital benötigt, um optimal Profite in der Weltwirtschaft einzufahren. Außerdem sei er verantwortlich für einen Deal zwischen der BRD und dem faschistischen südafrikanischen Staat gewesen: Atom-Know-How (BRD) sei gegen Uran-Lieferungen (Südafrika) verdealt worden. Zudem sei Rohwedder als Aufsichtsrat staatlicher Energiekonzerne verantwortlich für die Durchsetzung von Atom-Programmen. Außerdem sei Rohwedder – so fährt die RAF fort - für verdeckte Waffen-Exporte in 3.Welt-Länder verantwortlich.

In der Öffentlichkeit heftig umstritten war der von der RAF angeführte Punkt, dass Rohwedder als Chef des Hoesch-Konzerns in wenigen Jahren 2/3 aller Arbeitskräfte entlassen habe, um den Konzern zu höheren Profitraten zu führen. Im Gegenzug dazu war nämlich häufig zu lesen, dass Rohwedder bei Hoesch über 10000 Arbeitsplätze gerettet habe.

Als Krönung der Karriere Rohwedders bezeichnet die RAF seine Funktion bei der Treuhand: „Rohwedder war [...] einer dieser Schreibtischtäter, die tagtäglich über Leichen gehen und die im Interesse von Macht und Profit Elend und Not von Millionen von Menschen planen."[66] Die gesamte Rohwedder-Erklärung ist von dem Versuch geleitet, den Menschen in der ehemaligen DDR vor der destruktiven Kraft des nun sie bedrohenden Kapitalismus zu warnen. Dabei stellt die RAF fest: „Seit ihrer Annexion ist die Ex-DDR faktisch die Kolonie der Bundesrepublik: Die politischen, wirtschaftlichen und militärischen Entscheidungszentren liegen in Bonn bzw. bei den bundesdeutschen Konzernen."[67]

---

[66] Erklärung vom 4. April 1991, S. 405
[67] Erklärung vom 4. April 1991, S. 405

In der Folge illustriert die RAF, wie die Annexion der Ex-DDR in den Politikfeldern Gesundheit und Ökonomie konkret vor sich gehe. Die multinationalen Konzerne besäßen kein Interesse, die EX-DDR wirtschaftlich aufzubauen. Lediglich Betriebe mit Monopolstellungen seien für die optimale Kapitalverwertung von Interesse. Rohwedders Funktion als Treuhand-Chef sei es, alles niederzumachen, um dann wieder aufzubauen, was am Weltmarkt Profit abwerfe.

Die RAF hebt die Bedeutung dieses Vorgangs für die Menschen in der ehemaligen DDR hervor: „Die Arbeit der Treuhand bedeutet für die Menschen mehr als den Verlust des Arbeitsplatzes, die Schließung der Betriebe und die Ausrichtung am Profit von allem, was an Neuem hochgezogen werden soll. In diesem Prozess soll Land und Leuten die Struktur aufgezwungen werden, die das internationale Kapital für seine Herrschaft braucht. Es geht um die Ausrichtung aller Werte auf seine Prinzipien, die neben dem materiellen Elend von Millionen Arbeitslosen auch die Armut in den Köpfen der Menschen und Herzen bedeutet."[68] Die Argumentation der RAF verläuft offensichtlich tautologisch, denn dass die BRD der ehemaligen DDR das kapitalistische Wirtschaftssystem überstülpen wollte, wurde bereits mehrfach in der Erklärung gesagt. Das dies

---

[68] Erklärung vom 4. April 1991, S. 405 f.

für die Menschen die Umstellung ihres Lebens bedeutet, scheint auf der Hand zu liegen.

Die RAF verquickt in der Folge die Umstellung des ökonomischen und Herrschaftssystems mit den Konsequenzen für die Menschen in der gewohnt sozialarbeiterischen Manier. Eine ökonomisch-politische Analyse und pseudo-psychologische Ausführungen gehen dabei Hand in Hand. „Kapitalstrategen wie Rohwedder einer war, geht es darum, auch die Bedingungen für den Angriff auf die Seele des Menschen und ihre tiefe Deformierung, die sie voneinander isoliert und scheinbar unüberwindliche Mauern zwischen ihnen aufbaut, zu schaffen."[69] Erneut bleibt völlig im Dunkeln, inwiefern der Kapitalismus und die Deformierung der Seelen zusammenhängen. Der postulierte Zusammenhang scheint allerdings für die RAF selbstevident zu sein und keinerlei Erklärung zu bedürfen. So argumentieren nur sektiererische Zirkel, welche sich im Besitz einer göttlichen und nicht hinterfragbaren Meinung wähnen.

In einem weiteren Schritt präzisiert die RAF dann die Nachteile der freien Marktwirtschaft: „Das System der <<freien Marktwirtschaft>> gaukelt allen eine vermeintliche Chance vor, sich im Wohlstandsland Großdeutschland einen sicheren Platz ergattern

---

[69] Erklärung vom 4. April 1991, S. 406

zu können und im Kaufrausch glücklich zu werden – in Wirklichkeit sollen die Menschen im Geiern nach Konsum dumm und stumpf gemacht werden. Wenn überhaupt, gibt es diesen sicheren Platz nur für diejenigen, die bedingungslos bereit sind, im harten Konkurrenzkampf sich besser zu verkaufen als andere und die diesen Wohlstand hier auch wollen, obwohl jede/r weiß oder wissen kann, dass er nur möglich ist, weil Millionen Menschen im Trikont dafür ihren Schweiß und Blut geben."[70] Die RAF konstatiert damit, dass im Kapitalismus die meisten Menschen von einem sicheren Wohlstand ausgeschlossen werden sollen. Die Funktion des Konsums ist dabei für die RAF ambivalent, denn einerseits entspricht er den kapitalistischen Kapitalakkumulierungsstrategien und andererseits schafft er es, dass die Menschen die Wertigkeit des Kapitalismus verinnerlichen.

Der Wohlstand in den kapitalistischen Metropolen gelingt also laut RAF nur auf Kosten der 3. Welt und ist insofern alleine aus diesem Grund für die RAF moralisch zu verwerfen. Woher die RAF ihr als unumstößliche Wahrheiten präsentiertes Wissen bezieht, bleibt im Dunkeln.

Auch die gesellschaftliche Entwicklung im wiedervereinigten Deutschland beurteilt die RAF negativ, da sie von einer 2/3-Ge-

---

[70] Erklärung vom 4. April 1991, S. 406

sellschaft spricht, bei der 1/3 der Menschen für den Kapitalverwertungsprozess unbrauchbar geworden seien. Ein Grund dafür liegt für sie in der immer weiter gehenden Technisierung und Automatisierung von Produktionsprozessen. Die Gewinner dieser Prozesse sind laut RAF die Yuppies, welche privilegierte Stellungen einnehmen. Der Lebensinhalt dieser Personen reduziere sich auf gehobenen Konsum mit teuren Wohnungen, Kneipen und Läden. Die 1/3 Ausgeschlossenen der bundesdeutschen Gesellschaft hingegen finden ihre Lebenszusammenhänge zerstört und werden in Beton-Silos isoliert und weggesperrt. Die Funktion der RAF-Argumentationsweise liegt auf der Hand. V.a. die Bewohner der ehemaligen DDR (als Großteil der zu 1/3 Ausgestoßenen) sollen Angst vor den Yuppies der BRD kriegen und befürchten, als Verlierer aus den Modernisierungsprozessen heraus zu gehen. Damit spricht die RAF der Hoffnung auf eine Anhebung des Lebensstandards a priori jede Berechtigung ab. Dies ist erneut ein Szenario, dass sich so keineswegs empirisch halten lässt. Viele Bürgerinnen und Bürger der ehemaligen DDR kann man unter ökonomischen, sozialen und partizipativen Aspekten als Gewinner der Wiedervereinigung bezeichnen.

Weitere gesellschaftliche Tendenzen seien laut RAF die Zerstörung der kommunikativen Lebenszusammenhänge, aufkeimender

Rassismus, Faschismus und Diskriminierung von Frauen. Diese Aspekte bezeichnet die RAF als systemnotwendige Faktoren, wohl wissend, dass die ehemalige DDR diese Punkte aus ihrer konstitutionellen Verfasstheit, d.h. als antifaschistischer Schutzwall her ablehnte.

Zudem würden Errungenschaften der DDR wie Kinderkrippen oder das Selbstbestimmungsrecht der Frau (§ 218) nieder gemacht. Auch hier hat die RAF-Analyse der geschichtlichen Überprüfung nicht standgehalten, denn sowohl Kindergrippen als auch das Recht auf Abtreibung sind heute fester Bestandteil der deutschen Realität. Erneut zieht die RAF Parallelen zum 3. Reich, da auch hier Verarmung, Verelendung und Massenarbeitslosigkeit zu katastrophalen politischen und sozialen Zuständen geführt hätten. Damit verfestigt die RAF den Eindruck einer nachholenden Ressistance, welche eigentlich den Faschismus bekämpfe. Allerdings ist es bei der Person Rohwedders schwierig, eine personelle Kontinuität vom 3. zum 4. Reich auszumachen, weswegen sich die RAF auf die genannten Allgemeinplätze bezieht.

Im Schlussteil der Erklärung entwickelt die RAF rudimentär, wie sie sich ihre zukünftige Strategie vorstellt: „Wir alle, die für ein menschliches Leben in Würde und frei von Herrschaft kämpfen, müssen es anpacken, zur gemeinsamen Kraft zu werden [...] Wir können uns den Prozess der Umwälzung der gesamten Verhältnisse vorstellen als einen Prozess, in dem wir in der Durchsetzung konkreter Forderungen und Ziele Gegenmacht aufbauen, eine Gegenmacht, die zusammen mit den Völkern im Trikont die notwendigen Veränderungen gegen das imperialistische System durchsetzen kann und in einem lang andauernden Kampf die Befreiung der Menschen erkämpft."[71] Damit bekräftigt die RAF, dass sie den revolutionären Prozess auf eine breitere Basis als bisher stellen möchte. Ebenso weist sie ausdrücklich darauf hin, dass es bei dem Kampfprozess um die Durchsetzung konkreter Forderungen und Ziele gehe, was bei ihren Aktionen in den 80er Jahren nie – und wenn, dann auf äußerst abstraktem Niveau – der Fall gewesen ist. Es scheint insgesamt, als ob die RAF eine Konkretisierung ihrer bisher äußerst abstrakt gebliebenen Politikvorstellungen anstrebe.

Allerdings bleiben die diesbezüglichen Erklärungsansätze äußerst nebulös und nicht einmal im Ansatz verstehbar. Der Wunsch neue und v.a. quantitativ wie qualitativ wichtige Bündnispartner zu gewinnen wird durch die RAF bekräftigt: „Wir wollen uns zusammen mit anderen dafür organisieren, Kampfphasen zu bestimmen und die gemeinsamen Ziele durchzusetzen. Das kön-

---

[71] Erklärung vom 4. April 1991, S. 408

nen wir uns mit allen vorstellen, die die Wirklichkeit im Kapitalismus erdrückend empfinden und erfahren und die anfangen, sich dagegen für ihre eigenen Vorstellungen zu organisieren und danach zu handeln."[72] Die möglichen Bündnispartner sind zahlreich und es scheint fast, als ob die RAF diesen Kreis bewusst nicht einengt. Eine durchdachte strategische Neubestimmung sieht anders aus.

Immerhin ist sich die RAF ihrer totalen Isoliertheit um das gesellschaftliche Spektrum bewusst gewesen. Ebenso ist ihr offensichtlich klar geworden, dass rein militärische Aktionen, - d.h. eine rein militärisch agierende Fundamentalopposition - ohne Anbindung im Volk jeglichen Sinns entbehren. Es spricht auch folgendes dafür, dass die dritte Generation der RAF theorie- und konzeptlos gewesen ist: Sie kann zwar in einem Reflexionsprozess eigene Fehler benennen, aber keine deutlichen Schlussfolgerungen daraus ableiten. Sollte dies überhaupt noch möglich sein, so kann man bei der dritten Generation in der Transformationsphase der Jahre 1989 bis 1992 eine noch größere Theorie- und Planlosigkeit als Mitte bzw. Ende der 80er Jahre vorwerfen. Zum früheren Zeitpunkt hatte sie zumindest versucht, Vorstellungen einer gemeinsamen westeuropäischen Front mit anderen Terror-Orga-

---

[72] Erklärung vom 4. April 1991, S. 408

nisationen durchzusetzen. Insgesamt ist das strategische, ideologisch-ideengeschichtliche Theoriebildungspotential nach dem Zusammenbruch des Ostblocks auf einem Nullpunkt angekommen.

In diesem Sinne fügen sich auch noch wenige Ausführungen der RAF ein, welche am Ende der Erklärung stehen: „Die revolutionäre Bewegung muss eine reale und greifbare menschliche Perspektive entwickeln und dadurch zur Anziehung für alle, die dieses System als Unterdrückung erfahren, werden."[73] Immerhin findet sich hier eine positive Bestimmung, was die revolutionäre Bewegung als Alternative bieten sollte, allerdings bleiben die Begrifflichkeiten abstrakt und leer, denn was eine menschliche Perspektive ist, kann sicherlich auf tausend verschiedene Weisen gefüllt werden. Die RAF präzisiert folgerichtig: „Es muss die Keimform einer neuen Gesellschaft entstehen, in der die Menschen anfangen, ohne Herrschaft und selbstbestimmt zusammenzuleben. Selbstbestimmt heißt für uns z.B. auch, nicht immer bloß zu wiederholen, dass es jede Menge Fragen gibt, wie der revolutionäre Prozess weitergehen muss; Selbstbestimmung heißt auch, anzufangen, Antworten zu suchen. Die ganze Verantwortung dafür, wie der Umwälzungsprozess weiter entwickelt wird, liegt bei jeder/m,

---

[73] Erklärung vom 4. April 1991, S. 409

und jede/r muss diese Verantwortung auch wollen."[74] Damit läutet die RAF einen wichtigen Schritt in ihrer Historie ein, welchen sie in der Retrospektive damit bezeichnet, dass sie die Verantwortung an die Linke zurückgegeben hat. Damit verbindet sich die selbstkritische Einsicht die RAF, dass sie jahrzehntelang einen Großteil der linksradikalen Politik durch ihre Attentate bestimmt hätte. Außerdem erkennt sie, dass sie als eine Alibi-Funktion für die Linke fungierte, da die Linke nicht selber tätig werden musste. Dieser Prozess, dass sich die RAF aus der linksradikalen Politik zurückzieht, wird in den nächsten Jahren noch verstärkt. Dahinter steckt wohl nicht zuletzt verletzte Eitelkeit, denn die radikale Linke sah zwar einerseits die RAF als revolutionäre Speerspitze an, sparte aber nach konkreten Attentaten der RAF nicht mit Kritik. Die RAF betonte mehrfach, dass sie die Selbstherrlichkeit der Kritik getroffen hätte, da die meisten der Kritiker nicht einmal im Traum daran gedacht hätten, selber irgendwelche Aktionen zu machen.

---

[74] Erklärung vom 4. April 1991, S. 409

3. Fazit

Bei einer Gesamtbetrachtung der ideologischen Entwicklung der RAF der Jahre 1970-1988 könnte man behaupten, dass die RAF in ihrem Selbstverständnis als eine marxistisch-leninistisch orientierte Gruppierung begonnen hatte, wobei Komponenten der südamerikanischen Stadtguerilla-Theorie komplettierend hinzu kamen. Recht schnell jedoch wurde diese Linie durch eine von starken subjektiven Komponenten durchzogene Kursänderung substituiert.

Man kann hierin einen Wandel von dem am Kollektiv orientierten Marxismus- Leninismus zu den eher am Individuum ausgerichteten Lehren der Kritischen Theorie (Frankfurter Schule) sehen.

Die erste Generation der RAF hatte eine eher kommunistisch orientierte Grundausrichtung, welche v.a. am Maoismus und anderen Befreiungskonzepten der dritten Welt Orientierung fand. Allerdings handelte es sich dabei nicht um einen starren Parteikader-Kommunismus, denn den Mitgliedern der ersten Generation der RAF war ein solches Denken fremd; vielmehr sah man sich internationalistisch als ein Teil des weltweiten Befreiungskampfes gegen den Kapitalismus und Imperialismus.

Die zweite Generation der RAF verstärkte dann die bereits während der ersten Generation in nuce vorhandene subjektivistische Wende, welche v.a. auf die Subjekt-Theorie der Frankfurter Schule rekurrierte und letztlich ideengeschichtlich Autoren wie Marcuse und Adorno etc. in den Mittelpunkt stellte. Die zweite Generation war ideologisch-strategisch wenig innovativ. Beinahe alle Aktionen und Überlegungen orientierten sich vielmehr an praktischen Fragen, wie die gefangenen Kader aus den Gefängnissen befreit werden könnten.

Bei der dritten Generation lässt sich eine zunehmende Theoriefeindlichkeit festhalten, wobei Begriffe wie Selbstorganisierung und selbstbestimmtes Leben in den Vordergrund rückten. Allerdings versuchte die dritte Generation im Gegensatz zur zweiten Generation eigenständige ideologisch-strategische Konzepte zu entwickeln, auch wenn man dabei zunächst auf das Mai-Papier der zweiten Generation aufbaute. Ein wichtiges Moment der dritten Generation war der Versuch der (europäischen) Internationalisierung des Terrors in Westeuropa, so z.B. mit der Action Directe und einem Teil der Brigate Rosse. Diese Internationalisierung sollte sich nicht auf Verbalradikalismen, Ausbildungsaspekte oder Waffen- und Wissenstransfers beschränken. Vielmehr sollte de facto eine gemeinsame materielle Front aufgebaut werden, welche strategisch und logistisch kooperierte und zugleich ihre Attentate synchronisierte. Zugleich schien sich die dritte Generation der RAF der die dritte Generation der RAF der Brisanz ihrer, der historischen und der geopolitischen Lage bewusst zu sein, denn sie versuchte schnell ihr ganzes Gewicht in aller Härte in den Kampf gegen den Imperialismus zu schmeißen, damit dieser nicht den Kalten Krieg gewinnt.

Ein sehr aufschlussreiches Kapitel ist die ideologisch-strategische Weiterentwicklung der RAF nach dem Zusammenbruch des Ostblocks und dem Fall der Mauer. Insgesamt, das dürfte diese Studie gezeigt haben, befindet sich das strategische, ideologisch-ideengeschichtliche Niveau der RAF in den Transformationsjahren von 1989 bis 1992 auf einem absoluten Nullpunkt.

Zwar sind in den Erklärungen immer wieder Ansatzpunkte dafür zu finden, dass der RAF klar ist, dass eine Neuorientierung ihrer bewaffneten Politik notwendig ist. Dies verbindet sich gleichzeitig mit ihrem Eingeständnis, dass die bisher von ihr angewendeten Konzepte versagt haben.

Insgesamt ist für die Zeit nach der Beendigung des Kalten Krieges bei der RAF eine starke Tendenz zur sprachlichen Immunisierung und holistisch-universellen Argumentation festzustellen, welche es per se unmöglich macht, in eine inhaltliche Auseinandersetzung einzutreten. Problematisch ist in diesem Zusammenhang auch das bei der dritten RAF-Generation immer schon existente Problem, dass die aufgeführten Positionen nicht belegt werden. Auch insofern ist die ideologisch-theoretische Unterfütterung der RAF-Erklärungen von 1989 bis 1992 beinahe als nicht vorhanden zu bezeichnen.

Die argumentative ideologische Hauptstoßrichtung der RAF liegt in dieser Zeit in der Behauptung der (ideologischen) Kontinuität des Faschismus in Deutschland. Zudem steuere das wiedervereinigte Deutschland auf ein 4. Reich zu. Dieses 4. Reich impliziere, dass Deutschland neben den ökonomischen und politischen auch die militärischen Mittel einzusetzen strebe, um die Völker und Menschen den kapitalistischen Verwertungsbedingungen zu unterwerfen.

Nach dem Wegfallen der realsozialistischen Systemalternative vermag es die RAF auch aus ihrer immanenten Argumentationslogik heraus nicht, Theoriekonzepte zu generieren, welche die theoretische Basis und damit den Überbau ihrer Aktionen bildet. Die wenigen Ansätze die es dennoch hierzu zu identifizieren gibt, seien im Folgenden kurz summiert.

Die neue revolutionäre Bewegung soll laut RAF ein Organisationsprozess sein, der möglichst viele (gesellschaftliche) Akteure einbinden soll. Insofern ist zum ersten Mal eindeutig bei der RAF die Rede von einer sozialen Gegenmacht von unten. Dieser Gedanke wird die RAF-Strategie der nächsten Jahre bestimmen. Diese Zeit ist allerdings nicht mehr Bestandteil der hier vorliegenden Analyse. Zudem gibt die RAF verstärkt die Verantwortung in linke Zusammenhänge zur Terminierung revolutionärer Strategie ab. Die Bestimmung des revolutionären Prozesses und die Analyse der herrschenden Verhältnisse soll sich – so der Wunsch der RAF - aus zahlreichen Diskussionen mit zahlreichen Akteuren ergeben.

Als konkreter, realer neuer Bündnispartner für die RAF nach der Zeit der Transformation sind lediglich die kurdischen (national), kommunistischen (ideologisch) Bewegungen (wie die PKK) zu bezeichnen. Der Versuch der RAF in der Friedensbewegung oder bei den Bewohnern der ehemaligen DDR Einfluss zu gewinnen, scheiterte kläglich. Nicht ganz so eindeutig ist die Sachlage bei neuen Bündnisgenossen wie Hausbesetzern in der Hafenstraße. Fand hier lediglich eine ideologische Affinität statt oder führte das Ganze tatsächlich zu praktischer, gemeinsamer Zusammenarbeit? Gesicherte Aussagen sind in diesem Punkt schwer möglich und auch die Selbsterklärungen der RAF nicht eindeutig.

Die Neubestimmungsversuche der RAF, welche von dem bis dato herrschenden Denken „Unsere Strategie gegen ihre Strategie" abweichen, nehmen sich seltsam abstrakt und inhaltsleer aus. So ist wie erinnerlich die

Rede davon, dass Menschen in Selbstbestimmung und in Würde leben sollten. Dies erinnert aber - wie mehrfach deutlich erwähnt - an die engagierte Predigt eines sozial engagierten protestantischen Pfarrers.

Zudem sollte laut RAF eine gesellschaftliche Organisiertheit ohne Herrschaft möglich sein. Hinzu kommt, dass die RAF sich eine Orientierung an den Menschen und ihrer menschlichen Bedürfnisse wünscht. Diese Orientierung am Menschen ist laut RAF aber nicht mit den kapitalistisch-imperialistischen Lebensverhältnissen kompatibel.

Die Begriffe Selbstorganisation und Selbstbestimmung werden in den RAF-Texten nach dem Zusammenbruch des Ostblocks häufig gebraucht, jedoch in keiner Weise irgendwie inhaltlich spezifiziert. Das theoretische Niveau der RAF-Schriften ist nicht nur aus diesem Grund kläglich. Die von der RAF angerissenen Begriffe werden aber nicht einmal ansatzweise in irgendeiner Form gefüllt.

Als Fazit kann festgehalten werden, dass die RAF in der Zeit der Transformation von 1989 bis 1992 beinahe völlig frei von theoretischen Konzepten, Theorien und Ideologien ist. Die wenigen Ansätze befinden auf einem kläglichen Niveau und vermögen nicht einmal aus der RAF immanente Sichtweise zu überzeugen. In der innerideologischen RAF-

Debatte der Jahre 1992 bis 1994 setzt ein Reflexionsprozess ein, welcher das theoretische Niveau wieder etwas anzuheben vermag.

Literatur

Broschüren-Gruppe, RAF und Frankfurter Schule, in: Triple Oppression & Bewaffneter Kampf, Selbstverlag, Berlin, 1994

Bundesrepublik Deutschland (BRD) - Rote Armee Fraktion (RAF), Ausgewählte Dokumente der Zeitgeschichte, GNN, 6. Auflage, Köln, 1993

Fetscher, I., Rohrmoser, G., Analysen zum Terrorismus 1, Ideologien und Strategien, Westdeutscher Verlag GmbH, Opladen, 1981

Horchem, H. J., Terrorismus in der Bundesrepublik Deutschland 1985, in: Beiträge zur Konfliktforschung, 1986/1, S. 5-22

Horchem, H. J., Terror in Europa, Akteure und Hintergründe - Gegenstrategien, in: Beiträge zur Konfliktforschung, 1986/4, S. 31-54

Horchem, H., J., Der Verfall der Roten Armee Fraktion. In: Aus Politik und Zeitgeschichte, Beilage zur Wochenzeitung Das Parlament, B 46-47/90, S. 54-61

ID-Verlag (HG.), Rote Armee Fraktion. Texte und Materialien zur Geschichte der RAF. Berlin 1997

Martin Jander, Zieht den Trennungsstrich jede Minute. In: Wolfgang Kraushaar (Hrsg.), Die RAF. Entmythologisierung einer terroristischen Organisation. Bonn 2008, S. 140-173

Peters, B., RAF, Terrorismus in Deutschland, Deutsche Verlags-Anstalt GmbH, Stuttgart, 1991

Alexander Straßner, Die dritte Generation der „Roten Armee Fraktion". Entstehung, Struktur, Funktionslogik und Zerfall einer terroristischen Organisation. Wiesbaden 2005

Alexander Straßner, Die dritte Generation der RAF. In: Wolfgang Kraushaar (Hrsg.), Die RAF. Entmythologisierung einer terroristischen Organisation. Bonn 2008, S. 200-232

Tobias Wunschik, Aufstieg und Zerfall. In: Wolfgang Kraushaar (Hrsg.), Die RAF. Entmythologisierung einer terroristischen Organisation. Bonn 2008, S. 174-199